Friedrich Johann Lorenz Meyer

Mainz

Nach der Wiedereinnahme durch die verbündeten Deutschen im Sommer

1793

Friedrich Johann Lorenz Meyer

Mainz

Nach der Wiedereinnahme durch die verbündeten Deutschen im Sommer 1793

ISBN/EAN: 9783743693548

Hergestellt in Europa, USA, Kanada, Australien, Japan

Cover: Foto ©ninafisch / pixelio.de

Weitere Bücher finden Sie auf **www.hansebooks.com**

Mainz,

nach der Wiedereinnahme

durch die

verbündeten Deutschen,

im Sommer 1793.

―――――――― ―

1793.

Wenig Tage nach der Einnahme von Mainz, kam der Verfasser dieser Nachrichten daselbst an. Er hat sie größtentheils aus seiner eignen Erfahrung, oder aus den Erzahlungen unverdächtiger Zeugen geschöpft. Bis zu der Erscheinung ausführlicherer Nachrichten, werden, ihrer Kürze ungeachtet, vielleicht die gegenwärtigen, über den merkwürdigen Zeitpunkt der Wiedereinnahme von Mainz, über die Lage des Innern der Stadt, bei, und über

A 2 die

die Ansicht derselben und der Gegend umher, nach der Belagerung, nicht ohne Interesse seyn; wenn anders der Verfasser von dem allgemeinen Antheil, den Deutschland an dem Schicksal von Mainz nahm, darauf schließen darf. — — Geschrieben am 16ten August 1793.

Ist

Ist das die herrliche Aussicht von Hochheim in das Rheinthal von Mainz? — fragt sich der Wanderer an Hochheims Rebenhügel, wenn er hier den Schauplatz der fürchterlichen Belagerungs-scenen übersieht, und nach diesem traurigen Wech-sel, jene trefliche Gegend kaum wieder erkennt.

Hier lehnte sich das Rebengefilde des edlen Hochhelmer Weins an den Hügel, zwischen hoch-rankenden Weinstöcken zog sich der Weg hinab und verlohr sich am Fuß des Hügels gegen Mainz hin in wallenden Saatfeldern. — Zur linken lag das schöne Kostheim mit seinen zierlichen weiß bewor-fenen Gebäuden. — Aus dem Rhein ragten die lächelnden Auen mit ihren Heerden hervor. —— Weissenau schimmerte dort vom hohen Rheinufer her: weiter hinab, dem Zusammenfluß der beiden großen deutschen Flüsse gegen über, erhob sich die prächtige Karthause mit ihren Gärten, und das reizende Lustschloß, die Favorite, blickte zwischen ma-lerischem Gebüsch und Schattengängen von hohen und üppigen Kastanien- und Nußbäumen, welche die Stadt begränzten, durch. — Saat- und Re-

3   ben-

bengefilde theilten sich zwischen Landhäusern und unzähligen Dörfern und Flecken jenseits der Stadt und des Rheins den ganzen Strich Landes und den Rheingau, um welchen sich in blauer Ferne die Gebirgkette herzieht, und ihn gegen die nordischen Stürme schützt.

So stellte sich einst diese herrliche Gegend dar. Wie hatten nun die Kriegsverwüstungen, von kurzer Dauer zwar, aber desto schrecklicher in ihren Wirkungen, diese Aussicht umgewandelt! Hier ist der Traubenhügel von Hochheim noch, aber die Reben liegen, ihrer Stützen beraubt, auf dem Boden hingestreckt; ein großer Theil ist wegge= rissen oder zertreten. Wo die Feldlager aufgeschla= gen waren, sind große Strecken niedergestampft und von dem edlen Gewächs entblößt. Die Obst= bäume, welche den Weg und die Felder umher be= schatteten, wurden bis auf den untersten Stamm abgehauen; Gebüsch, aus der Wurzel üppig her= vorgetrieben, bezeichnet nur noch die Stelle wo sie standen. — Die Seiten des Hügels sind von auf= geworfnen Graben und Batterien zerrissen; aus den Schanzkörben womit diese befestigt sind, grünt das mit der Erde hineingestürzte Weinlaub hervor. Am Fuß des Hügels sind die reifen Saaten nieder= getre=

getreten. — Dort liegen die einsamen Trümmer des eingeäscherten Kostheims mit seinem halbum-gestürzten Kirchthurm; kein Dach erhebt sich mehr zwischen den niedrigen von den Flammen geschwärzten Mauern. — Die Rheinauen sind in Schanzen verwandelt, ihre Bäume und Gebüsch umgehauen. Weissenau liegt halb niedergebrannt jenseits der Flüsse; die Karthause ist mit ihren weitläuftigen Gebäuden der Erde gleich gemacht, die Favorite, die Abstufungen ihrer Gärten, die Wasserwerke und Lusthäuser, sind herab, bis auf die Grundmauern geschleift, die Schattengänge am Rhein niedergehauen, die Pflanzungen zerstöhrt. Mehrere Thürme von Mainz, der Thurm der Kathedral- und Jesuiten-Kirche stehen halb herabgestürzt, zerrissen und ausgebrannt da. — Jenseits der Stadt, so weit das bewafnete Auge reicht, sieht es die Trümmer einzelner Gebäude und Kapellen; Verschanzungen und aufgeworfene Laufgraben, durchschneiden die Weinberge und Saatfelder.

So liegt nun diese herrliche Gegend da!

Mit der ängstlichen Erwartung, welche die, in den ersten Tagen der aufgehobenen Belagerung von Mainz, nach nicht widerlegten Gerüchte, von den Feuerverwüstungen in der Stadt, von den

A 4   Schutt-

Schutthaufen ganzer Viertel derselben, von aufge=
rissenem Pflaster und Verschanzungen der durch
Unreinlichkeit des höchsten Grades verunstalteten
Straßen und Häuser, erzeugt hatten, und dieser
äußre Anblick der Zerstöhrung zu bestätigen schien,
näherte man sich der Stadt selbst.

Die Ansicht Kastels von dieser Seite erregt
Erstaunen. Es ist ein Meisterwerk der Französi=
schen Befestigungskunst. Zwölf Fuß hohe Verhaue,
traurige Reste der Tausenden von jenen abgehaue=
nen Kastanien= und Obstbäumen, — ziehen sich
rings um die tiefen mit Pallisaden ausgesetzten
äußern Graben dieser Feste; aus den Schießlö=
chern des ersten Walles blickten noch die furchtba=
ren Feuerschlünde hervor. Hinter dem Wall ist
das tiefe und weite Bett, wo hinein der Main ge=
leitet werden sollte. Dieses kolossale Werk kam
nicht ganz zu Stande, aber es war der Vollendung
nahe. Hie und da sind die Seiten des Grabens
schon mit großen Quadern ausgesetzt und das
Quellwasser rieselte in einige Vertiefungen hinab.
Aus diesem dem Main vorbestimten neuen Bett,
steigt, beinah bis zur Höhe der Häuser in Kastel,
ein zweiter Wall herauf. — Das diesseitige Ge=
schütz der Belagerer konnte, von den noch sehr ent=

fernten

fernten Werken von Hochheim die gewaltige Festung kaum erreichen. — Ihre Wälle waren noch
ganz unbeschädigt und nur einige Häuser in Kastel
niedergebrannt.

Durch den engen Paß dieser unüberwindlichen,
nun von Preussen besetzten Feste, erreicht man die
große Rheinbrücke. Sie war bedeckt von herein-
eilenden Reutern, Lastwagen, Fußgängern, Trä-
gern, Reisenden, Soldaten, Preussen, Hessen,
Franzosen, durch einander. Dasselbe ununterbro-
chene Gewimmel geschäftiger Menschen sah man in
den Eingängen der Stadt. Hier fragte der Rei-
sende lange vergebens nach einer Herberge. Die
vornehmsten, so wie die geringsten Gasthöfe, waren
von einer Wagenburg der Fremden und Einheimischen umlagert. Jene kamen um die Stadt zu
sehen oder um ihre befreieten Freunde aufzusuchen,
diese, um ihr Eigenthum, wovon sie vor kurzem
vertrieben waren, wieder zu beziehen. — Ihre
Furcht nur traurige Reste der Zerstöhrung zu finden ward nun gemildert. Das Gassenpflaster
war nicht aufgerissen, keine Strasse verschanzt.
Bloß die Eingänge und Gitter der Keller waren,
zum Schutz gegen die schmetternden Bomben, mit
Mist bedeckt. Geringer als es verlautete war die
Unreinlichkeit der Gassen und Häuser.

5   Von

Von dem Anblick der Trümmer vieler Brandstellen ward die erste Aufmerksamkeit des Ankom-
menden ab und auf die allgemeine Geschäftigkeit
in der Stadt hingeleitet. Das Zuströmen der
Waaren und Lebensmittel, das Gewimmel der
Emigrirten und Einwohner, welche ihre Wohnungen wieder bezogen, oder mit dem Reinigen, Aus-
bessern und Anordnen derselben beschäftigt waren,
ihre Kramladen wieder öfneten, und die verborgen
gewesenen oder neu herbei geschaften Waaren aus-
legten: diese und die Lastwagen und Träger beeng-
ten die Gassen. Die verschiedenen Stadtgewerbe
kehrten zu ihren Geschäften zurück. — Nach den
trüben Tagen der Furcht und des Kummers ver-
breitete sich nun ein allgemeines Leben; die Befreiung von dem harten Druck ihrer eignen zügellosen Mitbürger, schien die Einwohner mit neuem
Muth zu beleben; die Rückerinnerung vergange-
ner Leiden erhöhete den Genuß der Gegenwart;
auf den abgezehrten bleichen Gesichtern bildeten
sich die Züge der Heiterkeit und Zufriedenheit wieder. Verschwunden war nun die Furcht des zu-
rückkehrenden Mittelstandes der Einwohner, ihre
Wohnungen als einen Raub der Flammen wieder
zu finden. — Ein so plötzliches Erwachen aus einem

nem schrecklichen Traum, hatte sie alle überrascht; fast schien es ihnen noch eine Täuschung, oder doch eben so unbegreiflich zu seyn, als gewiß sie noch vor wenig Tagen ihren unvermeidlichen Untergang vor Augen zu sehen und ihre Rettung entfernt glaubten.

Wer hätte nicht gern diese Freude mit allen getheilt! — Dort aber blickten plötzlich schwarze Brandstätte und eingestürzte Mauern von zerstörten Prachtgebäuden und Kirchen hervor. Ein fürchterlicher Schutthaufen und um desto mehr, weil die starken soliden Mauern dieser Gebäude halb oder ganz noch standen, hier niedergestürzt waren, dort den nahen Einsturz droheten. Ganze Inseln von Häusern liegen, besonders in der Gegend der von den Bomben, Karkassen oder Feuerkugeln, Haubitzen und Granaten getroffenen und niedergebrannten Kirchen und Klöster, in der Asche. Von vielen Pallästen steht noch die Façade; die Fenster sind weggesprengt, das Innere ist ausgebrannt und eingestürzt. Diese Verwüstung findet man am häufigsten in der Gegend des Doms, der Domprobstei und Domkurien. Die erstere, ein Denkmal der Prachtliebe und des Reichthums der Familie von der Leyen, ward nach der Angabe des

des Architekt Mangin in einem guten, aber für ein
Gebäude dieser Art zu leichten Geschmack gebauet,
und erst vor einigen Jahren vollendet. Sie war
im Anfang der Belagerung, bis sie niederbrannte,
das Quartier der Französischen Generalität. Sechs
schöne korinthische Seulen, welche die reichen Ge=
bälke des itallenischen Dachs und die umher lau=
fende mit Statüen besetzte Balustrade des Haupt=
einganges trugen, stehen noch mit der Vorder=
mauer des Hauptgebäudes und der hervortreten=
den Seitenflügel da. Die Vordiele und die weite
doppelte Haupttreppe des Pallastes waren mit
Statüen verziert und von Seulenreihen unterstützt.
Das Licht war durch mehrere Kuppel von oben
herein geleitet. Diese liegen nun mit dem Dach
herabgestürzt und bedecken die Vorsähle und Haupt=
steigen mit hohen Schutthaufen. Verstümmelte
Statüen, zerschlagene Seulen und die eisernen
Gitter, womit die Glaskuppel überzogen waren,
ragten aus dem Schutt hervor. Einzelne Seulen
und Statüen standen verstümmelt noch auf ihren
Fußgestellen, andere lagen zertrümmert daneben.
Scherben kostbarer Trinkgefäße und Tischgeschirre
von Kristall und Porcelan, waren unter den
Schutt gemischt. Die weissen Mauern des Haupt=
und

und Seitengebäudes waren von den Flammen ge-
schwärzt. — Eben so in Ruinen zusammengestürzt
sind hier mehr ältere gothische Kurien. — Getroffen
von diesem erschütternden Anblick, gingen einige
zurückgekehrte geistliche Herren zwischen ihren eingeäscherten Wohnhäusern umher. Auf die Aeußerung der Theilnahme an ihrem Verlust, antwortete einer von ihnen gelassen: "wir fühlen uns
"dennoch glücklich, daß dieser Verlust uns, und
"nicht unsre weniger vermögende Mitbürger ge-
"troffen hat, und uns noch so viel übrig geblieben
"ist, diejenigen unter unsern Mitbürgern zu un-
"terstützen, welche in diesem traurigen Zeitpunkt
"unserer Hülfe bedürften." — Philosophisch und
menschlich gedacht! Dieser Mann, seine aufrichti-
ge Miene bezeugte es, wird auch so handeln:
aber ihm gleichen nicht alle seine geistlichen Brüder
mit dem Ordensstern. — Wenige Stunden nachdem diese Aeußerungen von dem Verfasser gehört
wurden, begegnete ihm einer dieser Volksfreunde.
Unglücklich gewordene Einwohner von Kostheim
sprachen ihn an, klagten ihren Verlust, ihre Noth,
fleheten um Hülfe. Nun wird er doch seine Moral, die er lehrt, thätig üben, er wird geben, wird
unterstützen? — Nein, seine Stunde schien noch
nicht

nicht gekommen zu seyn: denn er zog beide Hände leer aus den Taschen, breitete sie vor sich hin, und ging so, mit den Bewegungen eines Schwimmenden, mit gesenktem Haupt, taub gegen die Bitten, durch den ihn umringenden Haufen der Armen hin. Und das geschah am ersten Tage seiner Rückkehr, am ersten des Mitgefühls der Noth seiner — guten Mitbürger!

Etwa vierzig Häuser, unter welchen man etwa sechs Bürgerwohnungen zählt, brannten ganz nieder, es sind halb so viel inwendig ausgebrannt, andre stark beschädigt, und ein sehr großer Theil der Gebäude in der Stadt von anschlagenden oder schmetternden Kugeln hie und da leicht getroffen. Die Dächer dieser größern Hälfte von beschädigten Häusern sind von den Kugeln durchlöchert; hier ist die Ecke eines Hauses, dort ein Thürgestell oder ein Fensterfach zerschlagen, ein Stück vom Giebel herab geworfen, eine Haustreppe zerschmettert, die Erde vor dem Hause aufgewühlt. — Sieben Kirchen und zwei große Kapellen liegen halb, oder ganz bis auf die äußern Mauern im Schutt. Der Anblick der halbzerstörten Kirchen ist am schrecklichsten. Das Dach ist eingestürzt und hat in seinem Sturz die Seulen, Altäre, Denkmäler, und

und Statüen zum Theil mit herabgeriffen und
niedergeworfen; noch einige ftanden halb zertrüm:
mert aufrecht und droheten bei der geringften Er:
fchütterung herab zu fallen; andere folcher Bruch:
ftükke ragten aus dem hohen Schutthaufen hervor.

Den größten Schrecken während der ganzen
Belagerung verurfachte die Explofion des Kriegs:
laboratoriums. Die Steine diefes aufftiegenden
Gebäudes wurden über die ganze Stadt gefchleu:
dert, und die Fenfter der entfernteften Häufer von
der Erfchütterung zerfchmettert. Wie bei einem
heftigen Erdbeben fprangen die Zimmerthüren auf,
und Perfonen die in den Zimmern auf Stühlen
faßen, wurden in die Höhe geworfen. Ueber die
Entzündung diefes Laboratoriums find die Mei:
nungen getheilt. Einige damals in Mainz gegen:
wärtige unverdächtige Zeugen wollten mit Gewis:
heit behaupten, die Entzündung fei durch — wer
weiß welche? — abfichtliche Verrätherei des
Französifchen Generals, der fchon die Kapitula:
tion beabfichtigte, bewirkt; vor dem Gebäude habe
nicht einmal eine Wache geftanden, die Arbeiten
wären an diefem Tage unterfagt u. dgl. Andere
erzählen: drei Französifche Ueberläufer hätten den
Belagerern die Lage des Haufes verrathen, und

diefes

dieses sey bald darauf von mehrern Feuerkugeln und Haubißgranaten getroffen. Auf der Stelle wo das Laboratorium stand, war kaum das Fundament eines Gebäudes sichtbar, so hinausgeworfen und in die Luft gesprengt wurden alle Theile desselben.

Neben allen diesen Brandstellen versammelten sich in diesen ersten Tagen der Befreiung die einzelnen Volkshaufen der unteren Bürgerklassen, und hier hörte man — ein sonderbarer Kontrast mit der Scene umher! — freudige Ausrufungen, über die so plötzliche und unvermuthete Befreiung, gegenseitige Glückwünsche der Zurückgebliebenen und Ausgewanderten; Aeußerungen der Zufriedenheit mit den Franzosen; dann aber auch Klagen über Verlust, und schreckliche Verwünschungen gegen die Klubisten. Unter der Benennung von Klubisten werden hier sowohl alle, welche gleich bei der Einnahme von Mainz die sogenannte Gesellschaft der Freiheit und Gleichheit oder den eigentlichen Klub formirten, als auch die wirklichen Theilhaber an der neuen Ordnung der Dinge in Mainz, und die Mitglieder des sogenannten Sicherheits = Ausschusses (Comité de surveillance) begriffen.

Um

Um diese in jeder Rücksicht sehr verschiedenen Klassen, welche jetzt von den Mainzern unter dem Namen Klubisten verstanden werden; und, wenn sie nicht schon vor der Einnahme der Stadt entwischt oder atretirt waren, alle von dem aufgebrachten Pöbel gefangen und dem Gefängniß übergeben wurden, wo sie nun ihr Schicksal erwarten, richtig zu unterscheiden, ist zu bemerken: daß sehr viele sich in den errichteten Klub bloß aus Neugier, andere in der Absicht, das Schlimme zu verhüten und die Irregeleiteten und Unwissenden zu warnen, zwar gleich Anfangs oder späterhin aufnehmen ließen, aber sich eben sobald wieder entfernt hätten, als sie entweder ihre Neugier befriedigt oder ihre redlichen Absichten vereitelt sahen. Mehrere von diesen Gutgesinnten blieben die Beschützer der unterdrückten und gekränkten Bürger. — Von diesen himmelweit verschieden sind die Komitisten. — Mit dem Anfang der Blokade hörte nehmlich, auf Befehl des Kommandanten der Klub auf, und nun ward die Comité de Turveillance errichtet. Simon, der durch seine nahe Theilnahme an der Revolution vom 1cten August 1792, berüchtigte deutsche Philantropist, war von Paris gekommen, um das unsinnige

B   Dekret

Dekret vom 1sten December, die provisorischen Administrationen und Eidesleistung der Einwohner in den neu eroberten Provinzen betreffend, in Mainz zur Vollziehung zu bringen. Dieser tolle Schwärmer war an der Spitze der mit dem Konvents-Deputirten Merlin von Thionville und seinem pouvoir revolutionair einverstandnen und gemeinschaftlich handelnden räuberischen Rotte — Sicherheits-Ausschuß betitelt. Der Ausschuß bestand aus sechszehn bis zwanzig einheimischen Mitgliedern und verwaltete die Polizei in dem belagerten Mainz. Diese Koalition der schändlichsten verworfensten Buben, verursachte alles Elend der unglücklichen Mainzer. Von Privatvortheilen und von Rache gegen einzelne ihrer Feinde geleitet, oder um ihre Gläubiger zu vernichten, und die Weiber ihrer Mitbürger zu mißbrauchen, verfolgten sie die Unglücklichen, zwangen sie unter dem leicht aufzufindenden Vorwand der unbürgerlichen Gesinnung, des versagten Eides u. dergl. zur Auswanderung, und befriedigten dann durch Plünderung des Eigenthums und Verführung der Weiber ihre fluchwürdigen Absichten. Mit wahrer Maratischer Wuth tobten sie, besonders in den letzten Wochen der Belagerung,

:rung, gegen die Einwohner, in der Hoffnung bei
einer künftigen für sie vortheilhaften Kapitulation,
wozu sie es bei Merlin zu bringen glaubten, ihren
getheilten Raub auf den so oft, und selbst in der sie
überraschenden Kapitulation vergebens ausbedun:
genen bedeckten Wagen mit fortbringen zu kön:
nen. — Aber ihre Hoffnung ward vereitelt. Merlin's schon bepackte Wägen wurden angehalten,
und die geraubten Baarschaften der Emigrirten,
bei der Einnahme der Deutschen, so wie der von
Custine geraubte Weilburgische Schatz in Mainz
wieder gefunden.

 Diese Komitisten, welche die Einwohner
mit unter den Klubisten begreifen, treffen also als
lein ihre Verwünschungen und Flüche. „Nicht
die Franzosen, sagten einige mit dem tiefsten Gefühl des Abscheues und der dürstenden Rache, wä,
ren die Ursache unsers Elendes und des Drucks
der so lange und schrecklich auf uns lag; über sie
klagen wir nicht, sie gaben uns im Gegentheil
vielfältige Ursachen zur Zufriedenheit, — sondern
über unsre ehemaligen Mitbürger die Klubisten
und die Fremden, welche um uns zu verderben,
sich zu ihnen gesellten. Mit schrecklichen Drohun:
gen des Verlustes unsers Lebens und unsrer Habe,

zwangen sie uns zum Meineid, und wenn sie an der Ausführung dieser Drohungen durch die menschlicher Gesinnten unter ihren Mitgenossen oder die Franzosen selbst, gehindert wurden; so erdachten sie, erfinderisch in den Qualen der Hölle, neue Marter, um heimliches Gift der Zwietracht in die Familien zu bringen, oder mit endloser Furcht uns Tag und Nacht zu foltern. — Das Werk dieser Mordbrenner sind diese Feuerverwüstungen! Sind es Bürgerhäuser die dort im Schutt liegen? Nein, es sind unsere Gotteshäuser, es sind die Wohnungen der Geistlichen und des Adels. Unsre heilige Religion trachteten sie mit jenen Kirchen zu vernichten; sie wollten den Untergang der reichen Familien, durch welche der Bürgerstand und die Gewerbe größtentheils bestehen. Sie warfen Feuerbrände in die Häuser die sie vorher heimlich mit brennbaren Materien angefüllt hatten, und hinderten uns dann das Feuer zu löschen, dessen plötzliches Verbreiten nur durch unsre Wachsamkeit, vor der Entzündung selbst, gewehrt werden konnte; ihrer sehr viel mehr lägen sonst wie diese in der Asche."

Läßt sich nun gleich bei solchen blutigen Beschuldigungen die Stimme unpartheiischer Wahrheit,

hie, von Uebertreibung, in diesen ersten Momen-
ten glühender Rache des Volks gegen seine Ver-
derber, nicht unterscheiden, und mag auch bei
manchen die Politik Antheil an diesen Ausbrüchen
des Hasses gegen den schon unterdrückten Theil der
Mitschuldigen haben, um so auf ihn jede eigne
Schuld, welche durch wirkliche Mitwirkung oder
durch Unterlassung der Anwendung möglicher Ge-
genmittel entstand, abzuwälzen; so bleibt es doch
ein ziemlich stringenter Beweis von der Wahrheit
des größern Theils dieser Beschuldigungen, daß
sowohl die Mainzer Einwohner unter sich als mit
dem noch in der Stadt anwesenden französischen
Militair, Linien sowohl als National-Truppen,
vollkommen hierüber in einem Ton sprachen, und
die bei dem ganzen Handel uninteressirten und
unvoreingenommenen Personen in der Hauptsache
dahin überein stimmen: daß, jene nothwendige
Unterscheidung der Klubisten von den Komitti-
sten vorausgesetzt, die letztern sich durch ihren bar-
barischen Zwang zum Eide, durch ihre gewaltsa-
me Vertreibungen der Bürger von ihren Familien
und ihrem Eigenthum, durch die nachherige Ein-
ziehung ihrer Güter, und durch andere Mißhand-
lungen und Bedrückungen aller Art, sich der gröb-

B 3

sten

sten Verbrechen schuldig gemacht haben, ohne daß
man diese Zügellosen als bloße Schwindler beurtheilen und ihnen eine vermeintliche Volksbeglü-
kung als Triebfeder ihres verbrecherischen Verfah-
rens beimessen könnte, wodurch dieses, wenigstens
in den Augen philosophischer Beurtheiler, ein ge-
mildertes Ansehn gewinnen würde. Privatvor-
theile, Wollust, Bereicherungs- und Rachsucht
scheinen sie allein dazu bestimt zu haben. Die
Stimme der Mäßigung einiger ehemaliger Klubisten, die sich diesen Bedrückungen zu widersetzen
suchten, immer zu den gelindesten Maßregeln riethen und sich der Unterdrückung der Mainzer mit
einem ächten Republikanersinn, welcher selbst einem
Merlin imponirte, widersetzten, diese Stimme
der Mäßigung ward durch das Geschrei des Par-
teigeistes und der Zügellosigkeit erstickt, und jene
geriethen sogar in den Verdacht der Aristokratie,
der ihrer eignen Sicherheit gefährlich ward.
Wollten also diese noch für das Beste des unterdrückten Theils thätig bleiben, so mußten sie sich
zurück ziehen und in der Stille wirken. Und so
geschah es auch von mehrern, die als Schuzgötter
der geplagten Bewohner von Mainz anzusehen
sind. — Dies ist ein Gesichtspunkt in dieser Hi-

ver-

verwickelten Sache der Klubisten, von welchem
die Untersuchungs-Commission, worin
der Hofkanzler Herr von Albini den Vorsitz hat
und der Graf Fugger, Herr von Dalwik und
Hofrath Hartleben Mitglieder sind, ausgehen
wird, um diese Sache richtig zu beurtheilen und
darüber zu entscheiden. — Diese gemäßigten Klubisten wachten mit einigen verbündeten Franzosen
für das Eigenthum der Bürger, wandten so vieles
geschehen konte die Wirkung der Drohungen und
Befehle der Komitisten ab, waren thätig beim Löschen der Feuersbrünste und erleichterten, so viel
es geschehen konnte, die allgemeine Noth, während jener rasende und unerbittliche Haufe der Komitisten alles niedertrat, was seine Grausamkeit
erreichen konnte. Diese Barbaren sind nicht frei
von dem Verdacht die Einäscherung vieler der vornehmsten Häuser mit bewirkt zu haben. Woher
sind so wenig kleine Bürgerhäuser unter der Zahl
der eingeäscherten? Allerdings mußten die größern
Häuser wegen ihrer Höhe eher als die niedrigern
von den Kugeln verletzt werden: aber auch eine
sehr große Zahl der kleinern Häuser wurde von den
Feuerkugeln, Granaten und Haubitzen getroffen,
ohne zu verbrennen, dahingegen die Häuser der

B 4   Geist-

24

Geiſtlichen und des Adels, nach der Verſicherung
vieler Augenzeugen, faſt in demſelben Moment, da
eine Kugel hinein fiel, in Flammen ſtanden, welche
unwiderſtehlich ſchnell das ganze maſſive Gebäude
ergriffen: eine Folge der feuerfangenden Materia-
lien, die in dieſen Häuſern und beſonders in deren
oberſten Stockwerken verſteckt lagen, wovon man
nachher in einigen der noch unverſehrten Häuſer
Vorräthe, und an einem andern Ort mehrere
tauſend Feuerbrände gefunden hat. — Ein franzöſiſcher Soldat, der bei dem eingeäſcherten Kor
mödienhauſe am Tage des Brandes die Wache
hatte, verſicherte, und mehr Augenzeugen beſtätig-
ten es dem Verfaſſer: daß dieſes Haus von keiner
Kugel getroffen worden. Schon am Nach-
mittage ward der Brand des Hauſes vorher
geſagt, beim Einbruch der Nacht ſtand es in
Flammen und brannte ſo heftig und an allen Ecken,
auf einmal, daß Rettung unmöglich war. Drei
Wochen nachher ward in Gegenwart des Verfaſ-
ſers in den untern Erdgeſchoſſen des eingeſtürzten
Hauſes noch eine wieder aufglimmende Flamme
entdeckt und der Schutt war noch glühend heiß.

So unwiderſtehlich der Schwindel geweſen
zu ſein ſcheint, welcher die Theilnehmer der in neu-

frän-

fränkischem Geschmack gespielten Mainzischen Frei-
heitsfarce, um auch einmal Volksregierer zu
seyn, zu diesem Unsinn hinriß, eben so groß war
ihre Verblendung über ihre nachherige Lage und
die Sorglosigkeit über ihr künftiges Schicksal, gerade in den Augenblicken, wo ihre Rettung durch
die Flucht noch möglich gewesen wäre. — In der
Kapitulation war ihrer Befreiung nicht gedacht,
und man versichert, daß die französischen Linientruppen ihren höchsten Unwillen über diese Ver-
nachlässigung des Schicksals vieler, die den Franzosen so große Opfer gebracht hatten, gegen den
General laut geäußert haben; — sie konnten fer-
ner die Aufmerksamkeit der Belagerer denen sie
die frühere Uebergabe der Stadt vereitelt hatten,
vorher sehen; sie mußten den gerechten Zorn des
Kurfürsten und seiner Beamten und die Rache des
Gesetzes erwarten, und daß die Mainzer, die sie
als die Urheber ihres Elendes ansahen und die
Schuldigen von den minder Strafbaren nicht un-
terschieden, sie selbst überliefern würden, ohne daß
ihre Beschützer die Franzosen sie retten könnten oder
vielleicht wollten. — Dem allen ungeachtet warteten die meisten bis der Sturm über sie herein-
brach, nachdem nur die Wenigsten sich ihm zu

ent-

entziehen versucht hatten. Mehrere unter ihnen, und zwar nicht diejenigen allein, welche sich nur entweder eines bloßen Leichtsinns bei der mehrmaligen Erscheinung im Klub oder des Umgangs mit den Municipalbeamten u. s. w. bewußt waren, sondern auch einige der Stifter und Gewalthaber im Klub und National-Konvent zu Mainz, trieben ihre Sorglosigkeit so weit, daß sie nicht mit der ersten Kolonne der ausziehenden Franzosen, wodurch sie wahrscheinlich alle, wie ihre Koryphäen Hoffmann, Dorsch und der Gastwirth Riesel, gerettet worden wären, weggingen, sondern sogar noch nach dem Abzug der dritten Kolonne in ihren Häusern blieben, sich auf der Straße sehen ließen; und ihren Bekannten, welche ihnen zur Vorsicht und zur Flucht riethen, zuriefen: "Mainz verlassen? und warum? was kann man mir wollen? was habe ich verbrochen?". — Andre sahen aus ihrem Fenster den Haussuchungen der zurückgekehrten Emigrirten zu, und wie ihre Kollegen aus dem Klub und der Municipalität, mit beispielloser Wuth aus ihren Häusern gerissen, gemißhandelt und fortgeschleppt wurden, aber auch dadurch noch nicht genug gewarnt, blieben sie bis auch sie die Reihe traf. —

Außer

Auſſer Forſter, Metternich, Hofmann, Dorſch, Blau und andern Gelehrten, nahmen nicht bloß Menſchen ohne Eigenthum und Namen an der Revolution in Mainz den thätigſten An= theil; ein großer Theil derſelben waren freilich ſol= che, welche wenig verlohren, weil ſie nichts aufs Spiel zu ſetzen hatten; — aber merkwürdig iſts und unbegreiflich, daß ſelbſt Mainzer Bürger von großem Vermögen, denen doch noch allenfalls der Weg des Eides übrig blieb, um, wollten ſie nicht emigriren, aus der Sache zu kommen, ſich mit in die Hauptrollen dieſer Farce miſchten. So war ein junger Kaufmann, der mehr als 200,000 Gl. beſaß, ſo tief in dieſe Raſerei, daß er, mit Entſa= gung alles natürlichen Gefühls, ſeinen alten Vater, der ſich den Eid zu leiſten weigerte, als Emigran= ten ſelbſt die Augen verband und über die Rhein= brücke und Kaſtel den preuſſiſchen Vorpoſten zu= führte. Man begreift Verblendungen dieſer Art eben ſo wenig, als daß Männer von Kopf wie Forſter, ſich wie von raſenden Bachantinnen hin= geriſſen, in dieſe unſinnige Orgien am Rhein ſtürz= ten, deren Ende ſo leicht zu berechnen war, und am Ende ihre Rollen ſo erbärmlich ſchlecht ſpiel= ten; doch hierüber ſo wie über ſo manches Uner=

klärliche, in den letzten Jahren der Geschichte jener
Revolutionsländer, kann und wird erst die künfti-
ge Zeit vielleicht den Schleier wegziehen. Es bleibt
in jeder Rücksicht traurig, daß diese Begebenheiten
uns Förstern und so manchen andern guten Kopf
auf immer entrissen haben.

Ueber das Schicksal der gefangenen Klubisten,
bot sich dem Verfasser eine Gelegenheit dar, mit
einem Mann zu reden, der in dieser Sache un-
mittelbaren und vielleicht den hauptsächlichsten Einfluß hat, um die Entscheidung günstig oder un-
günstig für sie zu stimmen, und ihm die Hoffnungen des unpartheiischen Publikums auf einen
Richterspruch zu erkennen zu geben, welcher den
aufgeklärten Theil nicht von Deutschland allein,
sondern von Europa überhaupt, in gespannter
Erwartung setzt; Hoffnungen auf die Menschlichkeit und Philosophie des Richters, der wirkliche
Verbrechen, welche ohne Zweifel hier zu untersuchen
seyn werden, von bloßen Verirrungen einer über-
spannten Einbildungskraft zu unterscheiden weiß,
und durch gänzliche Abolition selbst wirklicher Verbrechen mehr ausrichten und zweckmäßiger bessern
wird, als durch Bestrafung eingebildeter Schuld
nach dem Buchstaben des Gesetzes und des Reichs-

her-

herkommens. — Auffallend war dem Verfasser die:
ses Mannes Aeußerung, daß er von deutschen
Rechts- und Staatsgelehrten in Briefen aufgefor-
dert sey, den höchsten Grad der Schärfe des Gesetzes gegen diese gefangene Klubisten zu gebrauchen
und selbst ihres Lebens nicht zu schonen. — Solche enorme Machtsprüche schulgerechter Pedanten
schien dieser Mann zu verachten, und Mäßigung
und Gelindigkeit, die den Ernst in der Bestrafung
der wirklichen Verbrecher ja nicht ausschließen, der
Strenge vorziehen zu wollen, um so den beabsich-
tigten Zweck der Strafen unmittelbar zu erreichen*)
Die Güter der Klubisten sollen, nach seinen Aeußerungen, konfiscirt werden, doch wird die Kasse des
Landesherrn gar keinen Antheil an dieser Einzie-
hung haben, sondern sie bloß zur Entschädigung
der durch die Klubisten beeinträchtigten Bürger geschehen. — Diese gesezliche unverwerflich billige
Strenge wird aber auch dann zur höchsten Unbil-
ligkeit, wenn auf den Grad des Antheils der Ei-

gen:

---

*) Sind die neuesten Nachrichten die der Verfasser von
Mainz erhalten hat, wie er nicht zweifelt, gegründet;
so haben ihn seine Hoffnungen nicht getäuscht. Nach diesen sollen nehmlich die sämtlichen gefangenen Klubisten
wie Kriegesgefangene behandelt, alle Untersuchung folg-
lich niedergeschlagen und sie gegen die Deutschen in
Frankreich ausgeliefert werden.

genthümer, an den Unordnungen in Mainz und
auf ihre ganz schuldlosen Weiber und Kinder nicht
genaue Rücksicht genommen wird. — "Man muß
sie, sagte ein anderer strenger Mann von Einfluß
in dieser Sache, als hostes imperii (Reichsfeinde)
als perduelles (Hochverräther) behandeln und
auf sie unabbittlich die Reichs- und Landesgesetzliche
Strafe des Hochverraths appliciren." — Vor dem
Dom lag der zerhauene Freiheitsbaum und daneben war eine Bühne errichtet, wo man erst
jetzt, zehn Tage nach der Einnahme der Stadt,
dem Pöbel das gemeine, so oft wiederholte erbärm-
liche Dorfschauspiel der Verbrennung des
Freiheitsbaums geben wollte, wobei auch die
Klubisten ihre Rollen in der rothen Mütze spielen
sollten. Das schien nun freilich eine schlimme
Vorbedeutung für ein künftiges Urtheil über die
Klubisten, wenn man sich von Rechtswegen
und bei kaltem Blut mit dieser bittern Posse be-
fassen wollte, welche höchstens allenfalls der ersten
Wuth des Pöbels erlaubt ist: — aber zum Glück
schob man dieses insipide Volksschauspiel von einem
Tage bis zum andern auf, und wird es hoffentlich
ganz unterlassen, — wenn höchsten Orts nicht
hierüber anders disponirt und um alle Zweifel zu
heben,

heben, die Gegenwart des Kurfürsten nicht etwa
noch erwartet wird.

Uebrigens bestimt ein nicht öffentlich bekannt
gemachter (und warum nicht bekannt ge=
macht?) Separatartikel der Kapitula=
tion das Schicksal mehrerer ehemaliger Klubisten
und Anhänger der französischen Partei in Mainz
dahin: "daß diejenigen unter ihnen welche sich
erklärt haben, der französischen Partei folgen zu
wollen, gegen die von Mainz nach Landau von
Cüstine und der Mainzer National=Versammlung
abgesandten Geißeln ausgeliefert werden sollen."
Hierdurch werden nun viele Arrestanten auf welche
die meiste Schuld haften soll, der Verlegenheit
ihrer Richter und der Wuth des Pöbels, der ihre
schärfste Bestrafung laut fordert, entzogen werden.

Der 24ste Jul. der Tag des Auszugs der ersten
Kolonne der Franzosen, würde vielleicht ein Tag
der Erlösung für alle Klubisten gewesen seyn, wenn
sie dem Wink gefolgt wären, den man ihnen gleich=
sam selbst in der Kapitulation dazu gab. Es war
nehmlich stipulirt, daß die Emigranten erst nach
dem gänzlichen Abzug der Franzosen, nach Mainz
zurückkehren sollten. Der Pöbel sowohl als die
wenigen Emigrirten, welche sich am ersten Tage
dieser

dieser Weisung nach, nur erst in der Entfernung
von Mainz bei Marienborn zeigten, würden sich
solche Excesse nicht erlaubt haben, als sie sich am
zweiten und dritten Tage, unter den Augen
der deutschen Soldaten, erlaubten. Jene
hatten sich am 24sten Julii nur einzeln versam-
melt und die Kolonne der ausziehenden Franzosen
war 7000 Mann stark. Am zweiten und besonders am dritten Tage aber waren die Emigrirten
haufenweise im Hauptlager zu Marienborn ver-
sammelt und lauerten dort auf ihren Raub. In
der National-Uniform gekleidet und in den Gliedern rangirt, wurden die Klubisten von den Emigrirten angegriffen, herausgerissen, und nach erduldeten Mishandlungen aller Art den Preussen
übergeben, ohne daß die Franzosen sich ihrer annehmen konnten, vielleicht in der Hoffnung, — und sie
scheinen wenig Tage nachher diese Repressalien im
benachbarten Zweibrückischen gebraucht zu haben,
daß man für die Sicherheit dieser ihrer deutschen
Glaubensbrüder sich schon anderswo würde Gei-
sel verschaffen können. In den beiden ersten Tagen nach dem Abzug durchsuchten eben diese Emigranten, mit dem Pöbel verbunden, in Mainz die
Häuser, und hier war es besonders, wo die un-

glück-

glücklichen Klubisten und auch die schuldlosesten unter ihnen, vor den Augen der eingezognen deutschen Truppen (!) aufs schrecklichste gemißhandelt wurden.

Am ersten Tage des Abzugs der französischen Besatzung entkam auch der berüchtigte Mainzer Gastwirth Riesel. Er war vermögend, und hatte Anfangs den größten Theil seines Geldes für die Revolution in Mainz verwendet. Nachher machte er sich der schändlichsten Bedrückungen und des Raubes schuldig. Mit geraubten Baarschaften seiner vormaligen Mitbürger, wie man behauptet, beschwert, ritt er in einer prächtigen Husarenuniform vor der Kolonne, zwischen dem mit ihm gleich gekleideten Merlin und dem Kommandanten von Kastel Dubayet. Merlin gab ihn für seinen Adjutanten aus, obgleich er in keiner Qualität als Deputirter eines Adjutanten bedurfte. Es war ein Vorgeben um seinen treuen Anhänger durchzuhelfen. — Durch die prächtige mit hohen Federn besetzte Mütze, welche Riesel trug, zog er die Aufmerksamkeit der Zuschauer auf sich. Ein Buchbinder, den er besonders hart gedrückt hatte, erkannte ihn bei Marienborn, "da ist der räuberische Bube!" rief er und drang mit einigen umste=

C   henden

henden Mainzern ein, um ihn aus dem Glied zu
ziehen. Zitternd erwartete dieser sein Schicksal.
Es entstand Unruhe und Lärm in der Kolonne,
die wirklich Miene machte Gewalt mit Gewalt
vertreiben zu wollen. Der Herzog von Waimar
stand gerade an dem Platz. Der wilde Merlin
schwenkte gegen den Herzog um und schrie: Waimar! est ce ainsi qu'on tient la capitulation?
Dubayet aber wandte sich gegen die Kolonne
und rief dreimal mit lauter Stimme: je comte
sur la lojauté du Roi de Prusse! Der Herzog
von Waimar versicherte ihn hierauf, es solle dem
Riefel kein Leides geschehen, worauf Dubayet
der Kolonne zurief: silence! pas ordinair!
avancés! — so ward die Ruhe wieder hergestellt
und Riefel entkam glücklich.

Der vorbenannte General Dubayet war ein
Mann, der sich wegen seiner treflichen Eigenschaften des Geistes und Herzens eine allgemeine Liebe
und Achtung auch bei den Mainzern erwarb. Er
war am Mississippi geboren, und pflegte, wenn er
den schönen Rhein betrachtete zu sagen: "an einem
der schönsten Flüsse bin ich geboren — und an einem der schönsten will ich sterben." — Seine Einrichtungen

richtungen in Kaſtel waren muſterhaft, und mit der
äußerſten Wachſamkeit war er bei entſtandnen
Feuersbrünſten ſelbſt gegenwärtig und beorderte
die Löſchenden.

Die Erſcheinung der von den Belagerern in
die Stadt geworfnen Feuerkugel oder Kar⸗
taſſen, ſetzte die Einwohner von Mainz und Kaſtel
beſonders in Schrecken. Wie Stockraketen durch⸗
zogen ſie mit einem Feuerſchweif und mit Geziſch
die Lüft, (ein Schauſpiel das, beſonders in der
Nacht, einen furchtbar prächtigen Anblick gab,)
und ſprüheten Feuer um ſich wo ſie einſchlugen.
Anfangs entfernte die Furcht die Einwohner von
dem Ort wohin ſie fielen, weil ſie glaubten, daß
dieſe Zündekugeln auch zugleich zerſpringen und den
ſich Nähernden tödten oder verwunden würden.
Es entdeckte ſich aber bald, daß die ſo verderblich
ſcheinenden Kugel nicht ſo gefährlich waren: ſie
ſchmetterten nicht und das Feuer ließ ſich bald mit
Miſt oder übergedecktem benäßten Wollenzeug lö⸗
ſchen. Beſonders unermüdet thätig zeigten ſich,
bei dem Geſchäft das Feuer dieſer Kugel zu erſtik⸗
ken, die Weiber in Mainz. — Man behauptet
übrigens ohne Grund, daß die Stadt bloß durch

C 2 jene

jene Feüerkugel und durch Häubitzgranaten be-
schoffen worden, daß aber noch keine Bombe hin-
eingeworfen sey, weil nehmlich die Belagerungswerke noch zu entfernt gewesen wären, um die
Stadt mit Bomben erreichen zu können. Von
Augenzeugen wird diese Behauptung widersprochen.
Doch würde sie wahrscheinlicher seyn, wenn man
als Ursache angäbe, daß die Belagerer, ehe es auß
äußerste kam, gesucht haben, die Stadt selbst, so
viel es geschehen konnte, zu schonen. — Bemerkungswerth ist es, daß die erste in die Stadt ge-
worfene Haubitzengranate den alten französischen
General de Blou vor der Domprobstei erschlug.
Wenig Augenblicke vorher war auf demselben Platz
vor diesem Hauptquartier die ganze französische
Generalität mit den Konvents-Kommissarien ver-
sammelt gewesen, welche letztere nun, seit dieser ihnen glücklich vorüber gegangenen Gefahr — in den
Kasematten der Festung wohnten.

Gewöhnung an Gefahren, vermindert die
Furcht und flößt eine gewisse Apathie ein, die den
Muth stählt und Verachtung des Todes lehrt.
Der Mensch unterwirft sich nach kurzem Kampf
der eisernen Nothwendigkeit, und erträgt die damit

unab-

unabläſſig verknüpften Leiden und Unbequemlich-
keiten dann ſo gelaſſen, als er, beim Genuß der
Gemächlichkeiten des Lebens, jene als unerträglich
betrachtet hatte. Hiervon geben Belagerungen die
redendſten Erfahrungen, doch aber noch mehr bei
dem zum Leiden und zur Reſignation mehr ge-
wöhnten weiblichen als bei dem männlichen Ge-
ſchlecht. Die Weiber zeigten bei allen Gefahren
in Mainz einen feſtern und ausdauerndern Muth
als die Männer. Mit dem Auslöſchen der Feuerkugel beſchäftigten ſie ſich, wie ſchon geſagt iſt, am
meiſten, eilten dann immer den gefährlichſten Ge-
genden der Stadt zu und verdoppelten ihre Wachſamkeit um die Feuersgefahren abzuwenden, während viele ihrer Männer, beſonders aber die ver-
heiratheten Klubiſten, ſich in den Kellern verborgen hielten und die Kommiſſarien in den Kaſemat-
ten ſteckten. — Das Fleiſch fehlte bald nach dem
Anfang der Blokade in Mainz. Damals wurden
noch viele Pferde erſchoſſen und verzehrt — deren
Fleiſch, wie die Belagerten ſagen, mit gutem Och-
ſenfleiſch viel Aehnlichkeit haben ſoll — bald aber
ward die Schonung der Pferde, wegen des Tranſ-
ports der Kanonen nothwendig; es wurden nur

selten Pferde geschlachtet, und nun blieben den Belagerten Kartoffel, Reiß, getrocknetes Obst, besonders Pflaumen, Brodt und Wein übrig, wovon man bei der Einnahme der Stadt noch einen großen Vorrath vorfand, so daß noch lange keine eigentliche Hungersnoth zu besorgen gewesen wäre.

Viele Linien- und National-Truppen theilten die Gefahren und Arbeiten mit den Mainzern bei den Löschungsanstalten und stifteten sich dadurch, so wie durch so manche andere Züge des Edelmuths ein dankbares Andenken in den Herzen der Einwohner. Ein achtungswürdiger Geistlicher in Mainz, der um den Eid nicht leisten zu dürfen, emigrirte, ließ seine ganze Habe, die nun der Konfiskation bloßgestellt war, in den Händen eines französischen Officiers zurück der bei ihm wohnte. Dieser mußte bald darauf sein Quartier verändern, wodurch die Güter des Geistlichen seiner Obhut entzogen würden. Er empfahl sie aber zwei andern Officieren die dieses Haus bezogen, als das Eigenthum eines rechtschafnen Mannes; und diese, obgleich persönlich nicht gekannt von dem emigrirten Geistlichen und ihm durch nichts verpflichtet, bewachten, auf die bloße Empfehlung ihres Ka-

meras

meraden, feine Mobilien, Bibliothek u. f. w. als
ihr Eigenthum, und der nach der Einnahme von
Mainz zurückkehrende Geistliche fand alles unbe-
rührt und unbeschädigt wieder. — Andre Officiere
nahmen sich, bei den gewaltsamen Haussuchungen
der Komitisten nach den Barschaften der Emigrirten, dieser an, verwahrten das Geld in Ihre eignen
Koffer bis die Gefahr vorüber war, und sie es den
treuen Händen der Verwandten und Freunden ihrer Beschützten übergeben konnten. — Einen noch
schöneren Zug der Menschlichkeit gemeiner französischer Soldaten, erfuhr der Verfasser von einem
Augenzeugen. Bei dem letzten Transport von etwa sechszehnhundert exportirten Emigranten.*)
welche über Biberich in das preussische Lager gebracht werden sollten, aber von den Belagerern
zurück gewiesen würden, befanden sich mehrere
hochschwangere Weiber und viele kleine Kinder.
Merlin wollte die Exportirten nicht wieder aufnehmen, und der menschlichere Kommandant d'Oyré

C 4   dürfte

+ Man schätzt die ganze Zahl der Mainzer Emigranten und
Exportirten auf 16000. Die Volksmenge in Mainz bestand vor der Einnahme der Franzosen, mit der Besatzung und dem Hofe aus 30000 Einwohnern. Bei der
Uebergabe an die Deutschen waren nur noch, wie behauptet wird, 6000 Einwohner in der Stadt.

durfte es nicht, ohne den Unwillen des erstern zu
fürchten. Zwei Tage und Nächte brachten nun
die Unglücklichen unter freien Himmel, dem Hun-
ger, der Kälte, dem äußerst schlechten Wetter und
der Gefahr von den niederfallenden Kugeln getroffen zu werden, ausgesetzt, zu. — Die Hand ver-
sagt dem Verfasser den Dienst, die Scenen der
Noth und des Jammers unter diesen Verlaßnen
zu schildern: — Hier war es nun, wo die französischen Soldaten, besonders die Jäger, sich der unglücklichen Mainzer thätigst annahmen. Sie theilten mit ihnen ihren Mundvorrath, brachten den
schwangern und kreisenden Weibern Erfrischungen,
gruben für die letztern und für die Kinder, tiefe
Löcher in die Erde, zum Schutz gegen die streifen-
den Kugel, bedeckten sie mit abgehauenen Zweigen
und mit ihren Kleidern und Mänteln gegen Kälte
und Regen, und wagten es sogar, gegen den aus-
drücklichen Befehl ihrer Vorgesetzten, sie alle einzeln, mit ihren Mänteln bedeckt, über die Rheinbrücke nach Mainz zurück zu bringen. Ueber die
Befehle der Generale und Kommissarien siegte
hierbei das Gefühl der Menschlichkeit der Gemeinen, und jene wagten es nicht sich diesen zu widersetzen.

setzen. — Ein solches edles Betragen erwarb sich die Liebe und Achtung der Einwohner, und auch die französischen Soldaten, deren damals mit den Verwundeten und Kranken noch dreitausend Mann in Mainz waren, äußerten von ihrer Seite laut ihre gegenseitige Zufriedenheit mit den Mainzer Bürgern.

Eben so gegenseitig und aufrichtig war aus andern Gründen die Achtung der Franzosen gegen die Belagerer, besonders gegen die edlen tapfern Hessen. "Ces guerriers," hörte der Verfasser von französischen Soldaten ausrufen, "font braves & humains!" — Andere, welche ihrem unerschütterlichen Muth, ihrer Geistesgegenwart und ihrem Ausdauern im schärfsten Feuer, Gerechtigkeit widerfahren lassen mußten, konnten doch nicht umhin, im zerbrochnem Deutsch hinzuzusetzen: "Die böse Hexe (Hessen) ils ont le diable au corps." — Es ist bemerkungswerth, daß unter den Hessen nur äußerst wenig Kranke waren; die Farbe der Gesundheit blühete auf ihren von der Sonne verbrannten Gesichtern. Die Urbanität der Officiere machte sie den Franzosen liebenswürdig, und ein von Menschlichkeit geleiteter

C 5   ter

ter Muth erwirbt sich mit der ihm gebührenden
Bewunderung selbst die Liebe der Feinde. — Es
war ein feiner Zug eines französischen Gardisten,
der seinem Kameraden, welcher einem Hessischen
Officier, der sich mit dem letztern, in Gegenwart des Verfassers, in Gespräch eingelassen hatte,
seine Geschichte erzählte und hinzusetzte, sein ge-
liebtes Weib und sechs Kinder habe er verlassen um
an die Gränzen zu marschieren, Stillschweigen
gebot: "was erinnerst du, rief er aus, diesen
braven Mann, der auch wohl Weib und Kinder
verließ, um wie wir dem Vaterlande zu dienen,
an seine zurückgelaßne Familie? Auch ich habe
Weib und Kinder verlassen, und bin
dem Ruf des Vaterlandes gefolgt, welcher stärker ist als ihr Winseln. „ —
Man muß die französische Nation und jene Bildung, Geläufigkeit der Zunge und Feinheit des
Gefühls und Ausdrucks kennen, die auch die
untersten Klassen derselben von anderen Nationen
so auffallend unterscheidet, um solche und ähnliche
Aeußerungen der gemeinen Franzosen, wovon der
Verfasser oft Zeuge war, nicht unglaublich zu finden. — "Avancéz, grenadiers Heßois „

                                riefen

riefen die Franzosen den Hessen zu, wenn sie bey einzelnen Gefechten und Ausfällen, auf sie mit anderen Truppen stießen. Jene mogten sich gerne mit solchen muthigen und menschlichen Kriegern messen. Auch über die Preussen, die ihnen im siebenjährigen Kriege unvergeßliche Bewunderung einflößten, äußerten sie sich mit Achtung: "Ah, riefen sie aus; wenn sie einen Trupp Preußen beyeinander sahen; voila les hommes de la guerre de sept ans; — ils ont bien merité de leur patrie!„

Das Feuer der Franzosen, ihre Entschlossenheit und Gewandtheit bey den Angriffen, anerkannten und ehrten auch diese ihre Feinde. Wenn, sagten die Preussen und Hessen, die . . . und die . . . so gewesen wären, als unsere Feinde die Franzosen, unser Verlust würde dann nicht so groß und unsere Arbeit geringer gewesen seyn. — Es ist nicht genug, sagten andere, einen Posten und einen verschanzten Ort zu erobern, mit Nüchternheit und Wachsamkeit muß man ihn auch zu behaupten wissen. Da lagen aber die . . . in den neu eroberten Plätzen, berauschten sich in den vorgefundnen starken Getränken, und so ward es den

Frans

44

Franzosen leicht sie wieder herauszutreiben. —
Militairische Eifersucht mag solche Aeußerungen
wohl sehr oft veranlassen, allein die Wahrheit dieser Beschuldigung ward dem Verfasser bald darauf
an der Wirthstafel im Mainzerhof einleuchtender,
wo ein . . . . . Officier schon bey der Suppe mit
dem Wein den er, der Hitze des Tages wegen ver-
muthlich, jener substituirte, so vertraut ward,
daß er alle Besinnung darüber verlohr und der
Tischgesellschaft durch sein Geschrey lästig ward,
mit welchem er von den Tafel-Musikanten das
ça ira und den Marseiller Marsch forderte, sich
mit den Aufwärtern zankte und sein Toben bis zu
Ende der Mahlzeit fortsetzte, so daß seine Waffenbrüder über ihn die Augen niederschlugen.

Mit einer außerordentlichen Bravour bezeich-
neten, nach dem einstimmigen Zeugniß der verbündeten Belagerer, die Franzosen jeden ihrer
Schritte und vertheidigten jeden Fußbreit Landes
hier wie in Frankreich selbst, mit unerschütterlicher
Hartnäckigkeit die nur dem ausdauernden Muth
der Deutschen bezwinglich war. Sie haben als
Belagerte keinen Fehler gemacht, keinen auch nur
geringen Vortheil unbemerkt und unbenutzt gelassen,

und

und ihre Aus- und Ueberfälle jedesmal mit einer Entschlossenheit und Klugheit unternommen und soutenirt, die den Kriegskundigen um so mehr in Erstaunen setzte, da die meisten ihrer Anführer dabey unerfahren in der Kriegskunst, bloß durch persönliche Tapferkeit den Mangel taktischer Kenntnisse ersetzen mußten. Merlin war bey den wichtigsten Ausfällen gegenwärtig, und zwar nicht als Anführer allein, sondern öfterer als gemeiner Reuter oder als Infanterist. Er schoß als der beste Kanonier und äußerte bey seiner sonstigen Wildheit des Charakters eine bewunderungswürdige Kaltblütigkeit in Gefahren. Bey einem dieser Ausfälle richtete er einst selbst eine Kanone, als eine feindliche Kugel gerade an der Mündung derselben anschlug. Hierdurch nicht irre gemacht setzte er seine Arbeit fort, und feuerte dann die Kanone ab. — Dieser Mensch ist überall eine merkwürdige Erscheinung, wie so mancher anderer der seit der französischen Revolution bekannt gewordnen Namen. Als vormaliger Advokat hatte er sein großes Rednertalent ausgebildet, wodurch er die Soldaten zu imponiren, sich überhaupt durch seine Entschlossenheit und Popularität bey ihnen

beliebt

beliebt zu machen, und sich in den ersten Monaten
seines Aufenthalts in Mainz auch so zu erhalten
wußte. Am 31. März wollte er mit 6000 Mann
nach Landau durchbrechen, — vielleicht um schon
damals einer mißlichen Belagerung von Mainz
unter einem Vorwand zu entgehen, — er ward
aber von den Preußen zurückgedrängt, kam in
höchstem Unmuth wieder in Mainz an, und von
dem Zeitpunkt und der bald darauf erfolgten Blokade an veränderte er sowohl gegen die Mainzer
als gegen die Besaßung selbst sein Betragen, oder
vielmehr sein angeborner wilder Charakter warf
nun die Maske ab. Ward er nun gleich als Re-
präsentant der Nation, dieses Idols des französischen Militairs, von diesem geachtet und seinen
Befehlen, als eines solchen, pünktlich Folge geleistet,
so machte ihn doch sein brutales und hohes Wesen,
welches täglich stieg, persönlich verächtlich und
verhaßt. Einverstanden mit den verworfnen Mitgliedern des Sicherheits-Ausschusses in Mainz
nahm er Theil an allen Bedrückungen welche jenen
zur Last fallen, und theilte den Raub mit ihnen.
Wies ihm einer der Gemäßigten auf die durch ihn
beleidigten droits de l'homme hin, so nannte er
diesen

diesen einen Agenten des Despotismus, und der
gleichen. — Er hielt seine Spione die ihm alle
Bürgerhäuser in Mainz auskundschafteten, wo noch
etwa ein Kalb, Schaf, oder Geflügel vorräthig
war, und stellte dann eine Wache vor das Haus,
damit der Fang seinem Tisch nicht entging. Er
bezahlte zwar, aber mit Assignaten; und in jedem
Fall ward dieses Verfahren von den Familien, denen
es so ihre eignen nicht bezahlbaren Bedürfnisse
entzog, als despotisch empfunden, weil sie für
baares Geld, bey dem allgemeinen Mangel an
Fleisch, den Verlust ihres gehegten Stückes nicht
wieder ersetzen konnten.

Räthselhaft bleibt übrigens Merlins Betragen, in Rücksicht der frühen Uebergabe von Mainz;
und wenn er nun alle Schuld davon auf Custine
schiebt, so werden wir sehen, wie er sich denn selbst
von dem Verdacht einer ihm zur Last gelegten
seinen Verrätherei wird reinigen können. Ueber
Custine diesen treulosen und feigen Großprahler,
der nie eine Schlacht gewann, nie auch nur ein
Corps zum Rückzug zwang, als durch unverhältnißmäßig große Ueberlegenheit, der nie einen
festen Ort einnahm, als wo ihm die Thore schon

geöfnet

48

geöfnet waren, der das Wort eines Mannes und Heerführers öffentlich brach und die heiligen Rechte der Gastfreundschaft, diese Rechte deren Beleidigung die Neufranken für Hochverrath erklärten, durch Raub verletzte, sich allenthalben wo Gefahr war zurückzog, und dann edle Männer als Urheber seines Mißgeschickes anklagte, ist der Schleier nun zerrissen, hinter welchen er sich vor seiner Nation eine Zeitlang zu verstecken wußte; er steht, mit so schönen Worten er seine Rolle auch auszuspielen suchen mag, entlarvt vor seinen Zeitgenossen und der Nachwelt da. — Eine andere Frage ist freylich die: — ob er, der den Deutschen, durch sein Verfahren am Rhein, über die neufränkisch jakobinische Moral und Politik zuerst die Augen öfnete und das in einer wahrlich sehr kritischen Lage von Deutschland that, — nicht eine Denksäule am Rhein in einem eignen Charakter und mit passender Inschrift verdient hätte? — Doch, lassen wir ihn, und kommen zu Merlin zurück. Dieser spielte die Rolle eines jakobinischen Conventes Deputirten ganz gut. Schlau entdeckte er die entferntesten Plane der des Aristokratismus beschuldigten Kommandanten von Mainz, welche etwa

etwa schon längst die Uebergabe der Stadt be-
absichtigen konnten. Wimpfen, welcher Custine
folgte, gab den redendsten Beweis seiner Denkungsart bey Bingen, wo er die engen Pässe, die
mit tausend Mann gegen zehn Tausend zu vertheidigen waren, unbesetzt ließ, das Pulder, das
die Rheinbrücke zu sprengen da lag, in der Nacht
heimlich wegbringen und sich so bey dem nun ge-
öfneten Uebergang der Verbündeten über den Rhein
zum Rückzug zwingen ließ. Merlin erkannte
und entfernte ihn nach Besançon. Unter den
folgenden Kommandanten war Meunier, der bey
der Ueberfahrt von der Mainspitze nach Kostheim
von einer Kugel verwundet ward und hernach
starb, der heftigste Jakobiner. — General
d'Oyre, der Mainz übergeben hat, war, bey
seinem sonst unbescholtnen Charakter, klug genug
sich mit Merlin zu verbinden, um seiner Denun-
tiation beym National-Konvent zu entgehen. Da-
her ließ er alle Dispositionen des Letztern geschehen,
so sehr er auch manche davon mißbilligte. Auch
Reubel, ein Mann dessen Rechtschaffenheit und
Kopf als Goubernial-Präsident im Elsaß, und
als Präsident der constituirenden National-Ver-

D   sammlung

ſammlung ſich Achtung erwarb, mißbilligte ſo
manche von Merlin in Mainz genommene Maaß=
regel, aber ſeine Stimme wurde nicht gehört. —
Daß d'Oyre auch über die letzten Verfügungen
zur Uebergabe von Mainz mit Merlin einverſtan=
den war, läßt ſich nicht bezweifeln. Wir wollen
die ins Publikum gekommenen angeblichen Ur=
ſachen zur Uebergabe *), nach der damaligen Lage
von Mainz kurz unterſuchen, um daraus die fried=
liche Vereinigung dieſer Herren über die für Deutſch=
land ſo glückliche als unerwartete ſchnelle Kapitu=
lation dieſer ſtarken Feſtung zu beweiſen.

Eine der dem Verfaſſer, nach dem was er in
Mainz ſelbſt aus dem Munde franzöſiſcher National=
Garden hörte, glaubwürdigſten Urſachen, wodurch
dieſe Uebergabe befördert ward, ſoll die innere
Unzufriedenheit eines Theils der franzö=
ſiſchen Beſatzung geweſen ſeyn, und zwar
nicht über die Ausſicht einer Belagerung von lan=
ger

---

*) Tiefer, als man jetzt noch blicken kann, liegen vielleicht
die eigentlichen Beweggründe zu dieſer ſonderbaren Ver=
handlung. — Ein ſcharfſinniger Beobachter glaubte dar=
in die erſte Grundlage zu einem Separat= oder vielleicht
gar zu einem allgemeinen Frieden mit Frankreich zu ent=
decken. — Der Verfaſſer läßt ſich hier nur auf die
Sache ein, ſo wie ſie dem äußern Schein nach da liegt.

ger Dauer, nicht über die wenigstens ihnen vermeintliche Unwahrscheinlichkeit eines Entsatzes,
nicht über die fortdauernden täglichen Arbeiten, Fa-
tiguen und den Verlust — nein, die Franzosen
haben bey andern viel schwerern Belagerungen bewiesen, wie ausdauernd ihre Geduld mit ihrem
Muth ist. Aber eine schlechte Behandlung von
den Konvents-Kommissarien in Ansehung ihrer
täglichen Lebensbedürfnisse, die ihnen, des Ueber-
flusses an Brod und Wein ungeachtet, wie mehrere
französische Soldaten wenigstens behaupteten, in
der letzten Zeit schlecht und sparsam gereicht wurden, veranlaßte hie und da Murren. Ein National-
gardist zeigte ein Stück guten weissen Brodtes:
"seit vorgestern, sagte er, erhalte ich erst solch
gutes Brod: vorher gab es schlechtes ungenieß-
bares Brodt, und ich mußte mir für meinen geringen Sold anderes kaufen. Daran sind die
Kommissarien Schuld. Habe ich darum, fuhr er
mit verbißner Wuth fort, meinen Heerd und
meine Kinder verlassen, diene ich deswegen aus
Neigung der Nation um mich hier an schlechtem
Hundebrodt zu sättigen? Und geht nun hin und seht
die vollen Mehlmagazine und Weinkeller."—

Ein

Ein Verfahren dieser Art von Seiten der Kom=
missarien und des Kommandanten läßt sich, wenn
die Beschuldigung anders gegründet ist, nur allen=
falls so erklären, daß Merlin, aus Furcht, bei
einer späteren Kapitulation vielleicht als Geissel
für die Königin zurückbehalten zu werden, mit
dem Kommandanten einverstanden war, auf die=
sem Wege die Besatzung mißvergnügt zu machen,
um die Uebergabe zu beschleunigen. Wir werden
sehen wie es sich im Konvent über sein Verfahren
wird rechtfertigen können. *)

Die Menge der Kranken und den Man=
gel an Arzneimittel giebt man als einen
andern Grund der Uebergabe an. — Die Zahl
der erstern war um fünf Sechstheile (man giebt
in öffentlichen Blättern 7000 an) geringer als ge=
sagt wird, und der Mangel an Arzeneien ist auch
nicht absolut zu verstehen, wenn auch einzelne Er=
fordernisse z. B. Honig und dergl. in den Feld=
apotheken fehlten. Und kann denn dies als eine
Ursache zur eiligen Uebergabe eines so wichtigen,
wohl=

*) Rechtfertigen! Er ist ein Busenfreund Robes=
pierre's und eine Stütze des heiligen Berges;
der wird ihn der Vertheidigung schon überheben.

wohlbesetzten und mit Lebensmittel und Ammuni=
tion noch hinlänglich, versehenen Platzes als Mainz
war, gelten?

Es soll an Kanonenkugeln von gehöri=
gem Kaliber gefehlt haben; oder, man sagt
vielmehr, bey den Kanonen wären Kugeln von nicht
passendem Kaliber hingelegt worden, um der Be=
satzung die Nothwendigkeit der Uebergabe, wegen
des Mangels an Kugeln von gehörigem Gewicht
begreiflich zu machen. Eine gemeine Betrügerey,
die durch den Augenschein wäre verrathen gewor=
den, wenn das Vorgeben dieses Betruges anders
gegründet ist. *) — Eben so wenig war man
in Mainz des vorgeblichen Mangels an Flin=
tensteinen geständig. **)

D 3 Es

___

*) Ein glaubwürdiger Augenzeuge der Belagerung von Mainz
war auch der Meinung, daß es bey einzelnen Kanonen
an Kugeln von Kaliber wirklich gefehlt habe. Doch wuß=
ten die erfinderischen Franzosen sich hiebey dadurch zu
helfen, daß sie bey der Ladung dieser Stücke genau ge=
schnittne Cylinder von Holz auf das Pulver stießen und
die Kugel von geringerem Kaliber darauf ladeten, — wo=
durch, wie dieser Augenzeuge dem Verfasser versicherte,
jener Mangel vollkommen ersetzt ward.

†) Merlin hat wirklich, wie der Verfasser aus den Berich=
ten von den Sitzungen des National=Konvents sieht,
der meisten dieser Gründe zur Rechtfertigung der Ueber=
gabe

Es würde demnach eine schwere Aufgabe seyn, wenn man eine Vertheidigung von b'Oyre's Verhalten bei der Uebergabe schreiben sollte. Ist eine baare Bestechung nicht anzunehmen, — und hierüber läßt sich, obgleich sogar die Summen von voreiligen Vielwissern genannt werden, doch nichts behaupten — so bliebe freilich vor den Augen des Publikums, bei der augenscheinlichen Nichtnothwendigkeit einer so plötzlichen Uebergabe, nur Feigheit der Kommissarien und des Kommandanten noch allein übrig. Es ist wahr, daß die Belagerung in der letzten Zeit bewunderungswürdig schnell vorwärts, und die Werke der Deutschen den Festungswerken der Stadt jenseits des Rheins näher rückten. Die große Albänisch anze, diese wichtige

gabe von Mainz in seinem vorläufigen Rapport vorgebracht und ihnen noch mehrere ähnlichen Inhalts zugestellt. Der Berg hat seinen Augen, für jez wenigstens, geglaubt, und auf der Stelle das gegen die Generalität der Belagung von Mainz gegebne scharfe Dekret wieder aufgehoben. — Es verlohnt überhaupt der Mühe, die Konvents-Verhandlung über die Sache von Mainz ausführlich zu lesen, und darin die Methode der Montaggards zu bemerken, durch welche sie sich vom Verdacht zu reinigen und, der Zustimmung ihrer Kollegen gewiß, aus der Schlinge zu ziehen suchten. Der Anhang zu diesen Blättern enthält einen Auszug dieser Verhandlungen, so weit sie, bis zum Abdruck dieser Bogen, dem Verfasser zu Gesicht gekommen sind.

wichtige Höhe über der demolirten Favorite, von welcher herab Mainz in kurzer Zeit in einen Steinhaufen verwandelt werden kann, konnte sich nicht lange mehr halten, denn sie war durch das heftige Feuer der Deutschen schon sehr ruinirt und zum Sturm reif. Dies war vielleicht ein Vorwand mehr für Merlin, seiner Furcht bei einer spätern Kapitulation nicht mehr frei durchzukommen und den willkomnen Vorstellungen des Kommandanten nachzugeben, und dieser Grund vielleicht entscheidend für den letztern, zur Beantwortung der Frage: ob nun seinem Eide die Festung auf den letzten Mann bis unter ihren Ruinen vertheidigen zu wollen, ein Genüge geschehen, und jetzt der Zeitpunkt da sey, die wichtige Festung Mainz, welche bisher einer Armee von 60000 Mann eine Diversion gemacht hatte, mit allem Ueberfluß von Ammunition und Mundvorrath eiligst durch eine schimpfliche Kapitulation übergeben zu dürfen? Er selbst mag das vertheidigen, wenn anders seine Vertheidigung zu erwarten ist: denn er scheint es mit dem Kriegskommissair Blanchard für bequemer gehalten zu haben, vors erste in Mainz zu bleiben und sich als Geissel für die Erfüllung der

D 4 Kapitu

Kapitulationspunkte in diese mit einschließen zu lassen; nach deren möglichsten und genauesten Erfüllung er sich aber, durch seine Rückkehr nach
Frankreich, doch wol nicht in die Verlegenheit
setzen wird sich dem blutigen Revolutionstribunal
stellen zu müssen.*)

Die Wiedereinnahme von Mainz durch die
verbündeten Armeen hat mit Recht das Herz jedes
biedern Deutschen freudig erschüttert, welcher bis
dahin nur die Sorglosigkeit bejammern konnte,
mit welcher die herrliche Rheingegend im vorigen
Herbst unbewacht dem Anlauf der Franzosen bloßgestellt und dadurch ihr Ruin für viele Jahre ver-
ursacht ward. Deutschland ist nun von seinem
Feind wieder befreiet, und so verdiente diese große
Nachricht von der Einnahme von Mainz — wie
diese nun auch geschehen seyn mag — den über-
raschten und erstaunenden Bewohnern der Deutschen ersten Residenzstädte, durch vierzig den fürst-
lichen und gräflichen Eilboten vorreitenden blasen-
den Postillionen verkündigt zu werden.

Dem

---

†) Ihn hat das abgegebene Dekret des N. K. wodurch der
über ihn schon ausgesprochne Arrest wieder aufgehoben ist,
dieser Vorsicht für jetzt überhoben.

Dem Kurfürsten standen nun die lange verschloßnen Thore seiner Residenz wieder offen — aber er hielt sich noch davon entfernt, um seinem Herzen diesen erschütternden Anblick der Stadt und ihrer Gegend zu ersparen. — Nur durch ein, in vollem Gefühl der Theilnahme an den Leiden seiner Mainzer ausgefertigtes Plakat, das an den Gasseneckeu und öffentlichen Plätzen angeschlagen war, trug er ihnen sein väterlich gesinntes Herz entgegen, das sie aber schon ganz zu kennen schienen — ohne sich erst durch das Lesen dieser Ausdrücke davon überzeugen zu dürfen.

Ueberall war die Betäubung in den ersten Tagen der Freude und die Beschäftigung der Mainzer mit sich selbst noch zu groß, als daß sie sich mit etwas ausser ihnen hätten beschäftigen können. Diese Betäubung stieg bei manchen bis zu einer Art von Stumpfheit der Sinne, so daß sie manche Frage nur halb verstanden, und ihre Antworten quer genug gaben. So fragte ein Fremder einen Einwohner von Mainz: "wann kommt der Kurfürst zurück?" Ach, früh genug! war die unpassende Antwort — und der Mann schien, als man ihm die Ungereimtheit dieser Antwort vorhielt,

D 5   kaum

kaum im Stande sich damit zu entschuldigen, die Frage nicht recht verstanden zu haben — Aber einem schwerfälligen Deutschen sind wohl dergleichen qui pro quo's gegen einen ihm gleichgültigen Fremden zu verzeihen: gab doch, wie erzählt wird, ein civilisirter und geschmeidiger Franzose einst einem geistlichen Fürsten in der Zerstreuung eine Antwort, die noch lächerlicher und unendlich viel ungereimter war. Der Fürst fragte ihn nehmlich bei der Tafel: avez vous vû ma favorite? (ein Jagdschloß des Fürsten in einer schönen Lage) Oui, Monseigneur, antwortete jener ehrerbietigst, j'ai eu l'honneur de dejeuner avec elle! Der geistliche Fürst konnte sich kaum des Lachens über die Zerstreuung seines Gastes erwehren, und diesem mußte erst nachher begreiflich gemacht werden, daß er eine dumme Antwort gegeben und zwei von einander sehr verschiedne Dinge mit einander verwechselt habe.

Wenn von dem zu einem Verpflegungshause für Kranke und Verwundete, umgeschaffenen Residenzschloß in Mainz behauptet ist: daß dieser erzbischöfliche Sitz durch die Vermittelung der Franzosen doch nun endlich einmal

mal seine eigentliche Bestimmung erreicht habe —
so kann diese Aeußerung, bei der damaligen Lage
der Sachen, doch wahrlich nicht, als die landes=
herrliche geistliche Würde herabsetzend, angesehen
werden, wie das wirklich in Mainz geschehen und
sogar darauf inquirirt sein soll. — Nur hie und
da sind durch diese Umformung des Schlosses einige
Reparaturen nöthig gemacht, und es wird vielleicht
Zeit erfordern, den Geruch der Sanskuloterie wie=
der heraus zu schaffen, und die insolenten französi=
schen Prinzen dürfen nicht hoffen, hier vors erste
wieder eine so liberale Aufnahme als im vorigen
Jahr zu finden. Uebrigens aber ist es nicht wahr,
daß das Schloß viel gelitten habe, wenn es jetzt
gleich aus= und inwendig einer Residenz nicht ähn=
lich sah. Der Schloßplatz war auf der einen
Seite mit Mist bedeckt, um das Zerschmettern der
Bomben für die Kranken möglichst unschädlich zu
machen, an den Fenstern der Facade waren Linien
mit gereinigter Wäsche und Kleidungsstücken aus=
gespannt, und auf den Balkonen, wo an den Kur=
tagen sonst die fröhlichen und fetten Domherren
der frischen Luft zu genießen pflegten, standen jetzt,
zur Erholung, bleiche Rekonvalescenten in Banda=

gen

gen und Mänteln gehüllt, und die getäfelten Fußboden der prächtigen Staatssäle waren mit hineingetretenem Koth bedeckt. — Musterhaft und gewöhnlichen Feldhospitälern unähnlich waren die innern Einrichtungen dieses französischen Lazaretts. In den Krankensälen herrschte Reinlichkeit und frische Luft. Die Circulation derselben ward durch die in den Fenstern angebrachten Ventilatern befördert. Vier Reihen Betten standen in den Sälen, und neben jedem Bett ein Pult zur Verwahrung der Sachen des Kranken, zum Schreiben und Lesen. — Die Ueberschriften dieser Krankenzimmer lauteten mit der vormaligen und künftigen Bestimmung dieser Staatssäle, ziemlich kontrastirend z. B. fievreux, und darunter Salle de Job, S. du regime, (vielleicht gar ein Kurfürstlicher Speisesaal?) Ueber andern Thüren stand; Salle de la nation — d'égalité — du civisme — du patriotisme. Der prächtige Speisesaal ward zu großen Operationen gebraucht. — Merkwürdig sind die Beweise stoischer Kaltblütigkeit mit welcher einige französischen Soldaten die schmerzhaften chirurgischen Operationen erduldeten. Einer derselben, ein Provenzal, war am Arm verwundet, hofte

aber

Ses doch den Arm zu behalten. Der Feldchirurgus
fand die Amputation nothwendig und überraschte
den Verwundeten mit der Operation. Que diable,
sagte dieser kaltblütig, faites vous la? Citoyen,
en Provence, on f---un emplâtre dessus, &
tout est dit.

Vor diesem Krankenpalais, auf dem Schloßplatz und in der Gegend des Rheinufers in der
Stadt, versammelten sich die französischen Soldaten, welche zur Bewachung der Bagage, und um
die Transporte zu begleiten noch in Mainz zurück
geblieben waren. Mannigfaltige Unterhaltung
fand man auf diesem Sammelplatz, zwischen den
einzelnen Haufen der Soldaten. Die Geschwätzig-
keit, Munterkeit, Urbanität, Bildung und Ge-
wandheit des französischen gemeinen Mannes, giebt
dem Gespräch mit ihnen einen Geist und ein Interesse, welche um so angenehmer und belustigen-
der sind, je seltner man diese Eigenschaften in dieser
Menschenklasse anderer Nationen antrift.

In diesen Haufen für dieselbe Sache streiten-
der Männer, unterschied sich ganz deutlich ein ge-
wisser Partheigeist, zwar nicht stark genug um
eine Trennung unter ihnen zu verursachen, aber
doch

doch immer bemerkbar und merkwürdig. Bey
den meisten ist es sichtbar genug, daß ihre Grund-
sätze nicht durch innere Ueberzeugung sondern
durch die herrschende Stimmung ihrer Officiere
erzeugt werden, deren stärkstes Argument, eine
gute Behandlung auch des gemeinsten französischen
Soldaten sowohl in der Disciplin als besonders
im Essen und Trinken, ihre Meinung nach ihrem
Willen leitet. — C'est la Nation que nous
servons war der allgemeine Wahlspruch. Die
Nation ist ihr Idol, ausser ihr wollen sie keine
Triebfeder, kein Ziel ihrer Handlung anerkennen,
Einige schimpften sogar auf den National-Konvent,
von welchem aber andere besser Unterrichtete be-
merkten, er bestehe aus Repräsentanten der
Nation und verdiene deswegen Achtung. Les
Jacobins sont des F — coquins! riefen einige
aus, wenn von den unglücklichen Unruhen, die
das Innere des Landes zerreissen, die Rede war. —
Mehrere Nationalgarden murrten über die Behandlung der Kommissarien. Gegen Custine
hingegen, dessen schlaue Politik darin bestand, daß
er sich die Anhänglichkeit der Soldaten, durch
eine gute Behandlung, zu verschaffen und zu erhalten

halten mußte, sprachen sie mit einer Art von Enthusiasmus. Die Nachricht von seiner Arretirung war noch nicht angekommen; diese Stimmung für ihren ehemaligen General könnte aber leicht einen Aufstand unter der Armee über seinen Proceß erregen. Doch ist in so einem Fall ein hochklingendes Wort ihrer Officiere, als: c'est la loi qui l'ordonnne; la Nation le veut und dergl. im Stande sie auf andere Gedanken zu bringen; auch sucht man dergleichen Nachrichten absichtlich von ihnen zu entfernen. So z. B. wußten sie noch nichts von der Gegenrevolution in der Vendée, von den Unruhen in der Gironde, und klagten bitter darüber, daß man ihnen nicht erlaube an ihre Familien schreiben und von ihnen Briefe erhalten zu dürfen.

Ein Erz-Sansculotte unter der Nationalgarde, die überhaupt in einem viel ungemäßigtern Ton als die Linientruppen sprachen, verrieth besonders in seinem endlosen Geschwätz den von seinen Offiziern empfangnen jakobinisch-sophistischen Unterricht, der von diesen wiederum aus den blutigen Blättern des apotheosirten Marats und seines — heiligen Berges, geschöpft ist. Die Volonté &

/ Son-

Souveraineté.de la Nation war sein beständiger Refrain und dieser verblendete Elende brüstete sich sogar, im Namen der Nation, mit dem Königs= mord: Louis seize, wiederholte er einigemal mit Blicken, welche die Tigerwuth der mörderischen Rotte in Paris ausdrückten, Louis seize est mort par la main de son peuple. Ein neben ihm stehender französischer Liniensoldat, sagte nichts aber der Ausdruck der Erbitterung über die inso= lente Sprache des Gardisten war in seinem Ge= sicht. "Was ihr da sagt, antwortete auf jene Aeus serung ein preussischer Unteroffizier, ein Franzose von Geburt, der in demselben Cirkel stand, "was ihr da eben sagt, soll doch wohl nicht zur Ehre eurer Nation gesagt seyn?" et pourquoi pas? erwiederte der Soldat, und fing nun an jene elende und grundlose Sophisterei, die wir von den Kö= nigsmördern im Konvent so oft gehört und gelesen haben, zu demonstriren: daß es nehmlich wohl er laubt sey, einen treulosen und eidbrüchigen Haus vater, welcher den Plan mache seine Familie zu ermorden, und diesen Plan schon würklich auszu= führen angefangen habe, aus dem Wege zu räu= men. Mit sichtbarer Ungeduld mußte der von

dem

dem Gardisten festgehaltene Preusse, diese lange
Demonstration aushören, die er vergebens mit
abgebrochnen Worten und Exklamationen, z. B.
par Dieu! — un roi est toujours un roi und
dergl. zu unterbrechen suchte. — Als nun aber
der Montagnard frech genug ward am Schluß
hinzuzusetzen: "& voila l'histoire de tous les
rois! „reiß der Preusse sich los, — " mon ami,
rief jener, um den Preussen zu besänftigen, mit
Euerm König ist es eine ganz andere Sache, parce
qu'il est l'ami du peuple. „ Zufrieden mit
dieser Erklärung, verschwand nun der Preusse plötzlich mit einem bon soir, bon soir, Messieurs. —
Ueber den alten Druck des Adels und der Geistlich-
keit sagte eben dieser Gardist, und drehte dabey
seine geballten Fäuste wie zwey Walzen in einer
Mühle; "sie haben uns gepreßt und zermalmt,
mais, setzte er mit funkelnden Augen hinzu, indem er dieselbe bedeutende Bewegung der Hände
rückwärts machte, à present c'est à notre tour. „

Empfindung sehr gemischter Art erzeugt die
Wanderung in der umliegenden Gegend von
Mainz zwischen den Vertheidigungs- und Belage-
rungs-

E

rungswerken, und zwischen den Ruinen ganzer zer=
störter Flecken und einzelner Gebäude. Man er=
staunt über die französische Befestigungskunst und
bewundert die deutsche Kraft in der Anlage, dem
Umfang und der Zweckmäßigkeit der verschiedenen
Belagerungswerke. Eine fast unzählige Menge
ungeheurer Feuerschlünde droheten hier Mainz
den Untergang, und bewiesen schon an vielen feind=
lichen Aussenwerken mit Nachdruck ihre furcht=
bare Wirkung. — Von einem tiefen Gefühl des
Kummers ergriffen eilt man dann über die nieder=
gestampften Saatfelder, über die von den Kugeln
aufgewühlten Weinberge, und durch die verödeten
Brandstätte der Unglücklichen hin, welche die harte
Nothwendigkeit des verderblichen Krieges aus
ihren Wohnungen vertrieben hätte.

Ein Hessisches Feldlager von fünf tausend Mann,
umgab noch die Landseite der Stadt, vom Gauthor
längs dem Stadtgraben bis an den Rhein herab.
Die braven Krieger kampirten hier, noch unbekannt
mit ihrer weitern Bestimmung, ob sie, wie es
verlautete, in ihr Vaterland zurückkehren oder in
Mainz zur Besatzung bleiben sollten. Es sind
größtentheils schöne und große Leute. Die Farbe
der

der Gesundheit unterschied sie sichtbar von den
übrigen Truppen; Resignation, Zufriedenheit
und Fröhlichkeit waren in ihren Zügen unverkenn=
bar und äußerten sich durch Worte und Beschäf=
tigungen. Sie saßen vor ihren Zelten, aßen, tran=
ken und spielten in Karten; andere lagen behaglich
in den Zelten; wieder andere waren mit der Rei=
nigung ihrer Mondirungsstücke und Gewehre be=
schäftigt. Den vorübergehenden Fremden sprachen
sie freundlich zu, und erzählten ihre Expeditionen
in Frankreich, vor Frankfurt und Mainz mit
einer, dieser deutschen Volksklasse sonst nicht eige=
nen Lebhaftigkeit und Leichtigkeit. — Von hier
links gegen das vormalige preussische Hauptlager
zu Marienborn hin, lagen starke französische
Verschanzungen mit ihren Laufgraben – und
weiter hinüber die Laufgraben und Batterien der
Deutschen. — Die großen Batterien der letztern
zwischen Bretzenheim und der von den Fran=
zosen zerstörten heiligen Kreutz Kapelle
wurden den französischen Aussenwerken und der
Festung selbst am furchtbarsten. Mit bewunde=
rungswürdiger Geschwindigkeit waren diese und
die Parallelen und Laufgraben zu Stande gebracht.

Die

Die Wälle der großen Karlsschanze waren von dorther durch die auf sie gerichteten vier und zwanzigpfündigen Kanonen durchwühlt. Besonders aber hatte die wichtige Albanschanze dadurch gelitten. Was deutsche Kraft vermag bewieß der Anblick der hier angerichteten Verwüstung. Die Aussenseiten des Hauptwalles waren von den Kugeln zerwühlt, die Brustwehren zum Theil zerstöhrt, die Wachthäuser und andere Gebäude auf der Schanze zusammengeschossen und in die innern Graben hinabgestürzt. — Auf diese Schanze, die von ihrer Höhe den dießseitigen Rhein, seine Auen und die ganze Stadt beherrscht, drohete den Franzosen ein naher Sturm, und dann war es in der Gewalt der Belagerer, Mainz in einen Steinhaufen zu verwandeln. — Zwischen aufgewühlten Weinbergen steigt man von dieser Höhe hinab zu den Ruinen der Favorite. Die Anlagen welche der jetzige Kurfürst in seinem Lieblings-Aufenthalt gemacht hatte, zeugten von Geschmack und Liebe zu diesem Ort. Besonders glücklich angeordnet waren die sogenannten englischen Partien. — Herausgerissen ist nun das edle Gebüsch, bis auf einige traurige Reste die aus

dem

dem aufgewühlten Boden aufsprossen; abgehauen
sind die majestätischen Kastanien- und Nußbäume,
aus ihren Wurzeln schoß üppiges Gebüsch hervor.
Das prachtvolle alte Schloßgebäude, in einer die
Vereinigung von zwey der schönsten Flüsse beherr-
schenden herrlichen Lage sonder Gleichen, die kleinen
neuen Gartenhäuser — alles ist, bis auf das
Fundament, dem Boden gleich gemacht; die großen
Bruchstücke und Quadern, mit den zertrümmer-
ten Statüen, Seulen und Balustraden, bedecken,
hinabgestürzt, die mittlern Abstufungen des ver-
wüsteten Gartens. — Ein gleiches Schicksal
traf die an das fürstliche Schloß gränzende prächtige Karthäuse; die Kirche, das Kloster, seine
Schattengänge und die Weinberge umher. Bis
auf die Grundmauern der Terrassen am hohen
Rheinufer, sind auch diese Gebäude zerstört, und
ihre alte Stätte unter diesen Stein- und Schutthaufen nicht mehr zu erkennen. — Die große
Masse aller dieser Gebäude und das dicke Gebüsch,
wodurch die Zugänge gegen Mainz gedeckt und den
Belagerern erleichtert wurden, scheint die barba-
rische Maaßregel der Zerstöhrung derselben nothwendig gemacht zu haben. — Von diesen Trüm-

E 3   mern

mern gegen Weissenau hinauf liegen die sehr
beträchtlichen französischen Schanzen, *) welche
die kayserlichen Truppen nach der Einnahme von
Weissenau, eroberten. Von diesen wichtigen
Schanzen konnten Kostheim jenseits des Rheins,
alle Rheininseln und selbst Mainz in der Ferne be;
schossen werden. — Der schöne Flecken Weisse;
au auf der Höhe des Rheinufers hat sehr ge;
litten. Viele Häuser sind zusammengeschossen, und
die meisten stark beschädigt. Nach der Besetzung
dieser Höhen durch die Kayserlichen konnten die
Franzosen sich auf den Rheininseln, der Bleyaue,
den Kopf; und der Mainspitze; welche unter Weisse;
nau die scharfe Ecke zwischen dem Zusammenfluß
des Rheins und Mains bilden, nicht länger hal;
ten. Dennoch aber stritten sie noch lange um den
Besitz dieser für die Stadt, die von dort aus über
die

*) Von einem geschickten sächsischen Ingenieur Nothnagel
ward gleich nach der Einnahme von Mainz ein sehr rich-
tiger Plan aufgenommen und herausgegeben, auf welchem
alle diese Werke genau verzeichnet sind. Der Plan ist in
Folioformat und führt den Titel: Ansicht der Belagerung
von Mainz mit allen Schanzen und Werken der Belagerer sowohl, als der Belagerten, wie auch sämmtliche
Städte, Flecken, Dörfer, Inseln und Flüsse, welche die
Belagerung umschließen. Im Jahr 1793.

die Fläche des Rheins hin, bestrichen und selbst
von dem kleinen Gewehr erreicht wurde, so gefähr-
lichen Plätze. Die Angriffe und Gefechte auf diesen Inseln waren hartnäckig und blutig. Die
Mainspitze ist das Grab sehr vieler Franzosen.
Einige Hessen die noch auf diesen mit Blut ge-
tränkten, einst so reitzenden, Auen in den starken
Schanzen standen, erzählten mit militairischem
Feuer und anschaulicher Darstellungsgabe diese
Kriegsscenen, denen sie beygewohnt hatten. — Verlohren in dem Andenken aller dieser Schrecken-
vollen Stunden, in welchen noch wenige Tage
vorher diese sonst so reitzende Gegend verheert, und
die friedlichen Ufer der beiden schönen Ströme mit
Blut benäßt wurden, stärrte das Auge vor sich hin
in die unübertrefliche Gegend des rechten und linken
reichen Ufers; und auf die herrliche Wasserfläche
des breiten Rheines gegen die Stadt; — ohne daß
der matte Blick diese Aussicht sonder Gleichen auf-
zufassen, zu genießen und dem innern Gefühl zu
übertragen vermochte. Eine an Erstarrung gränzende Gefühllosigkeit bemächtigt sich der Seele bey
dieser Rückerinnerung. Vergebens entfernt man
sich von dem Theil der Insel, wo der Mittelpunkt

der

der Gefahr war, und wo die aufgeworfenen starken
Schanzen das Bild, welches die Krieger von diesen Scenen machten, noch lebhafter darstellten.
Die Bilder des Schreckens folgen allenthalben;
denn allenthalben ist ringsum der Zerstöhrung
grausende Spur und nirgend dem bestürmten Gefühl ein Ruhepunkt vergönnt. — Der Blick
wendet sich rechts am Rheinufer herab und trift —
ach! auf Kostheim.

»Dort liegt alles — ein trauriger Schutt — in
Flammen und Asche *).

Diese Ansicht des einst so schönen Fleckens —
wer wagt sie zu beschreiben? wer vermag sich den
namenlosen Jammer seiner unglücklichen Bewohner wieder vorzustellen? Ruinenhaufen sind
diese sonst so treflichen Landhäuser und diese ehemaligen Wohnungen wohlhabender Bauern. Nur
die Seitenmauern von beynah zweyhundert Gebäuden stehen noch. Die Durchgänge und Heer-
straßen sind von den Schutthaufen gesperrt. Durch
die niedergestürzten Häuser ist der Eingang zu den
Ruinen offen, und allenthalben drohen wankende
Mauern

*) Cuncta jacent flammis, & tristi merfa favilla.
                                                        Martial I. 124.

Mauern den augenblicklichen Einsturz. — Der halb abgeschoffene Thurm und die hohen durchlöcherten Seitenmauern stehen von der Kirche. Inwendig ist sie ganz eingestürzt; die Gewölbetrümmer decken das Schiff der Kirche, das Chor, den Altar. — ringsum tragen zierliche Pilaster noch eine einfache von Kugeln zerrißne Korniche. — Nirgend trift man in Koßheim noch einen wirthbaren Platz, welcher Schutz gegen die stechenden Stralen der Mittagssonne darb te. — Augenzeugen der schrecklichen, und oft wiederholten Angriffe auf Koßheim reden mit Entsetzen davon. Nie hat vielleicht ein so kleiner Fleck Erde so viel Blut gekostet, und ist in so kurzer Zeit mit so vielen und furchtbaren Angriffen bestürmt worden. Man will vierzig tausend Kugeln zählen, welche Koßheim getroffen haben. — Fest entschloßen den Ort zu erobern, griffen die verbundnen Preußen und Heßen ihn am 5ten May mit einer starken Macht von viertausend Mann an. Es war ein viertägiger Kampf. Zweymal behaupteten es die Deutschen und zweymal mußten sie es den heranstürmenden und von einem höllischen Feuer von Kastel und der Rheinschanze unter-

stützten

74

stützten Franzosen wieder räumen. Bey dem Angriff der Preussen und Hessen fielen von den Hochheimer Höhen und den Schanzen jenseits des Rheins, ausser dem Feuer aus dem kleinen Gewehr, fünftausend Haubitz- und zehntausend Kanonenschüsse in anderthalb Stunden auf den Ort. Die Flammen von Kostheim loderten so entsetzlich auf und die Blitze, aus den von allen umliegenden deutschen Batterien und französischen Schanzen herabdonnernden Feuerschlünden, und aus dem kleinen Gewehr, waren so hell leuchtend und fortwährend, daß man in dem hessischen Lager und von dem noch entfernteren Mainz mit Ferngläsern der ganzen grausenden Scene dieses nächtlichen Kampfes zusehen konnte. Die Erde und Häuser zitterten von dem Donner der Kanonen. Gegen eine so überlegne Macht von viertausend vereinigten Preussen und Hessen, kämpften sieben Viertelstunden hindurch fünfhundert Franzosen in Kostheim. Dreihundert Mann blieben, zweihundert stachen sich mit dem Bajonet durch und erreichten die Rheinschanze und Kastel. Am 8ten Mai ward Kostheim zuletzt wieder von den Franzosen erobert und seit dem, bis Anfangs Jul.

von

von ihnen behauptet. Mehrere tausend tapfere Deutsche fanden bei diesen wechselseitigen Angriffen und bei der endlichen Einnahme des Orts im Juli ihr Grab, und das schöne Kostheim ward ein Raub der Flammen.

Eine blutige Nacht war auch die, des 6ten Julii, in welcher die tapfern Preussen bei Z a h l b a ch, nach der Eroberung der französischen Batterien, die den Rebenhügel hinter Zahlbach vertheidigten, auf die starke P h i l i p p i s ch a n z e von Mainz stürmten. Acht Bataillone, etwa 10000 Mann stark, griffen die Preussen diese starke Festung an. Der allgemeinen Sage von einem Jrrthum der Angreifenden, welcher sie zufällig in den Graben des Hauptwalles dieser Schanze brachte, auf welche die Absicht dieses Angriffes eigentlich nicht, sondern nur auf einige französische Batterien gerichtet war, widerspricht die starke Macht, welche diesen Hauptangriff that. "Von den tausend Mann des Bataillons von Schladen, unter dem ich stand, sagte ein preussischer Soldat, kamen nur 200 zurück. Ein gräßlicher Kartätschenhagel folgte unserm Rückzug und streckte die Reihen nieder." — La ville est à nous schrien einige französische
Emigran-

Emigranten, welche die Verschanzten den Wall er-
steigen ließen, — und in demselben Augenblick wurden sie, von den Bajonetten der französischen Grenadiere durchbohrt, herab gestürzt. Mehr als 100
Mann hatten sich, durch das plötzlich hervorbre-
chende Feuer der Franzosen von dem Wall zurück
geworfen, auf die Pallisaden gespießt. Todt oder
verwundet fielen bei diesem Angriff 1500 Mann.
Die Franzosen hatten 16 Todte und 26 Verwundete in der Schanze.

Der Verlust der Franzosen während der Belagerung von Mainz, besteht in 6000 Todten.
Aus dieser Zahl läßt sich einigermaßen auf den
Verlust der Belagerer schließen, welcher begreifli-
cherweise größer als der, der Belagerten seyn muß.
Bei der Uebersicht der entschlossenen und hartnäk-
kigen gegenseitigen Angriffe auf Kostheim, Weiß-
senau, die Rheinauen und die Philippischanze, bei
der Aufzählung der fast in jeder Nacht wiederholten, mit furchtbarer Heftigkeit unternommenen, und
mit Nachdruck unterstützten Ausfälle der Franzosen, auf die verschiedenen Lager der verbündeten
Deutschen, — ward von Sachkundigen der Verlust der letztern ohne Uebertreibung auf 8 bis 9000
Mann

Mann berechnet. Unverhältnißmäßig groß war dabei der Verlust an deutschen Offizieren. Diese tapfern Krieger brachte ihr Muth allenthalben der Gefahr am nächsten, und auf sie war das schärfste Feuer der Belagerten bei den Ueberfällen gerichtet. Auf 1500 getödtete Deutsche rechneten sie selbst 200 gefallene Officiere.

Nach der unüberwindlichen Festung Kastel ist die Petersaue im Rhein das bewunderungswürdigste Denkmal der Befestigungskunst der Franzosen. In ihrer ganzen schmalen Länge, von der Seite von Kastel bis Biberich herab, ist fast diese ganze Insel eine Schanze. Der Rhein ward in die Graben geleitet, die das starke Fort der Insel umgeben. Der Verfasser landete auf dieser Aue, als die furchtbaren Feuerschlünde wieder nach dem Ufer eingeschifft wurden, und mit warmen Patriotismus im Herzen, feierte er hier den letzten Tag des Monats, in welchem Mainz den Deutschen zurückgegeben, und so der Traum der Franken von einem Departement Rheno-germanique vernichtet wurde.

Ver-

Verhandlungen im Nationalkonvent, die Uebergabe von Mainz betreffend.

In der Sitzung am 28ſten Julii kündigte Barrere, Namens des Wohlfartausſchuſſes, die Uebergabe von Mainz an:

"Bürger, es iſt das Schickſal der Republi‑ ken, daß ſie ſich nur unter Stürmen und Verrä‑ thereien bilden können. Indem ihr die Erbfolge des Despotiſmus übernahmt, mußtet ihr erwarten, von den Königlich‑geſinnten verrathen zu werden, die nur deswegen einen Augenblick Republikaner zu ſeyn ſich ſtellten, um deſto tödlichere Streiche auf die Republik führen zu können. Doch gewinnt ſie bei Entdeckungen der nunmehr aufs neue aus‑ gebrochenen, ſo wie jeder andern Verſchwörung, weil ſie ihre Feinde kennen lernt; und das im Un‑ glück noch größre Volk ſieht nun bald das Ende ſeiner Leiden. — Wir haben Briefe erhalten, de‑ ren Inhalt jeden andern, nur freie Männer nicht, beunruhigen würde; der aber auch euch wieder auffordert, die franzöſiſche Republik, welche ihr geſtiftet habt, zu befeſtigen. Hier ſind ſie."

Brief

Brief der Volksrepresentanten bey der Mosel = Armee, datirt aus dem Hauptquartier.

Wir unterhielten gestern euch, Bürger unsre Kollegen, mit unsern Hoffnungen, kündigten zuversichtlich euch glücklichen Erfolg an, weit entfernt aber waren wir von dem Gedanken, daß Mainz schon in der Gewalt der Feinde, und am 23sten Julii eine entehrende Kapitulation unterzeichnet sey. Die Besatzung hatte noch Brod, die Festung noch keine einzige Bresche, und Mainz ergab sich in demselben Augenblick, als eine siegreiche Armee zum Entsatz herbei eilte. Noch 8 Tage höchstens, und wir wären in diese Stadt eingezogen. Denkt euch, wenn ihr könnt, die Verzweiflung der braven Mosel-Armee, den Schmerz ihres Generals und unsern gerechten Unwillen. Die sehr große Artillerie der Stadt, ist eine Beute der Despoten geworden, die vor uns flohen.*) So triumphirt Custine; selbst die Bedeckung, welche bei seinem Rückzug sich wider seinen Willen nach Mainz rettete, ist mit allen Kanonen, in den Händen der Feinde. — Wir dürfen es euch, Bürger unsre Kollegen,

*) Die gewöhnliche Sprache der Jakobiner, deren tolle Uebertreibungen bekannt sind.

Kollegen, nicht verhelen, wie sehr der Verlust von Mainz die Stellung der beiden Armeen am Rhein und an der Mosel verändert hat, und sorgsam müssen wir nach den Urhebern einer Kapitulation forschen, die zu genau gegen unsern Vortheil berechnet ist, um natürlich seyn zu können. Der Officier welcher, ohne die Schande eines solchen Auftrags zu empfinden, diese abscheuliche Nachricht überbrachte, hat uns von einem von Custine unterschriebnen Billet unterrichtet, das in den Händen des Kommandanten von Mainz oder des Kriegsraths seyn soll. Wir haben hierüber eine unterschriebene Aussage von ihm gefordert, welche wir hiebei übersenden. Nach unsrer Meinung, muß man sich der Person Custine's sogleich versichern. Dieser Bösewicht kann nun ungestraft die Städte Conde und Valenciennes übergeben. Der glückliche Erfolg der Operationen der beiden Armeen würde sein verbrecherisches Vorhaben gehindert, und der General Houchard, welcher nach der Befreiung von Mainz dem Feind in Norden in den Rücken gefallen wäre, diesen gezwungen haben jenen Theil des französischen Bodens zu räumen. Vergleicht, Bürger, die Uebergabe von Mainz mit

mit Cuſtine's beſtändigen Aeußerungen, vor dem 15ten Auguſt müſſe man gegen Mainz nicht vor rücken. In den Noten von Hohenlohe's Hand geſchrieben, erkundigte dieſer ſich ſehr genau, ob Cuſtine's Einfluß auf die Armee fortdaure? — Soll uns denn die Erfahrung nie weiſer machen? wollen wir noch immer zögern, die Verräther zu ſtrafen, bis ſie ihre Verrätherei ausgeführt haben? Cuſtine war nie ein Republikaner. Seine Spra che mit den Königen, ſeine Schonung gegen den König von Preuſſen, die Unruhe aller ächten Pa trioten über ihn, ihre Anklagen gegen ihn, alles das macht es uns zur Pflicht, dieſen durchaus verdorbenen Menſchen zu beſtrafen, der ſtats mili tairiſches Talent, nur immer eine inſolente Groß pralerei zeigte, die uns nun nicht mehr täuſchen kann. Alles ſchreibt euch das Geſetz vor, ihn auſſer Stand zu ſetzen, die Republik, welche er verabſcheuet, ganz zu verderben. — Wir ſenden euch eine Abſchrift der ſchändlichen Kapitulation, wodurch Mainz überliefert iſt. Ihr werdet daraus ſehen, daß es die Franzoſen ſind, welche das An erbieten thaten, alle ſowohl franzöſiſche als fremde Kanonen in dieſem Platz zu laſſen. Wahrlich,

eine

eine folche von dem Feind diktirte Kapitulation
hätte die Republikaner erbittern müſſen — und
ſiehe, Franzoſen haben ſie ſelbſt vorgeſchlagen!
ohne daß ihnen Lebensmittel fehlten, ohne daß die
Feſtung eine einzige Breſche erlitten hatte. Eine
ſchreckliche Beſtrafung räche die Nation an dieſen
Frevel: ein ſchimpflicher Tod trete an die Stelle
des ruhmvollen, welchen die Feigen in den Mauern
der Stadt zu erwarten, den Muth nicht hatten.

unterzeichnet:

Moribond Montaut.   Soubrany.

Hierauf folgen in Barrere's Bericht die von
d'Oyre vorgeſchlagne und zwiſchen den beiden Generalen geſchloßne Kapitulation von
Mainz und noch einige Aktenſtücke zum Be-
weiſe der Verrätherei Cuſtines. Die in
dem obigen Brief erwähnte Depoſition des
Officiers iſt folgende, datirt Kaſtel, den
25ſten Julii.

Einige Tage vor der Blokade von Mainz, lud
ein Agent von Cuſtine den General d'Oyre zu
einer Konferenz mit dem preußiſchen General ein.
Hier erhielt d'Oyre ein von Cuſtine unterzeich-
netes,

netes, aber nicht von seiner Hand geschriebenes, Billet, worin er ihn überreden wollte, mit dem Feind zu kapituliren. Der Bürger Reubel, Kommissair des Konvents, hat Kenntniß von diesem Billet.

unterzeichnet; Vidalot.

Nach diesen und ähnlichen, Custine und die Kapitulation betreffenden, Anzeigen, schlug Barrere Namens des Wohlfahrtausschusses folgende, von dem Konvent angenommene, Dekrete vor:

Nach Anhörung des Berichts seines Wohlfartausschusses beschließt der Konvent:

1. Gegen den vormaligen General Custine hat eine Anklage Statt.

2. Der Brigadegeneral d'Oyre, Kommandant von Mainz und alle Officiere des Generalstabes dieser Besatzung, sind in den Anklagestand versetzt und sollen unter guter und sicherer Bedeckung unverzüglich nach Paris gebracht werden.

3. Die Volksrepresentanten bei der Besatzung von Mainz, sollen sich sogleich beim

Natio-

National-Konvent stellen, um sich über die
Uebergabe von Mainz vernehmen zu lassen.

4. Die Besatzung von Mainz soll sich ins Innere zurück begeben.

5. Das gegenwärtige Dekret, soll durch Eilboten den Volksrepresentanten bei den Mosel
und Rhein-Armeen zugesendet werden. Der
Vollziehungsrath soll die nöthigen Maaßre-
geln zu seiner Vollziehung nehmen."

———————

So standen die Sachen, als am 4ten August
Merlin von Thionville, in der Kano-
nieruniform, unter allgemeinem Beifall klatschen,
wovon der Saal wiederhallte, vor dem Konvent
auf der Rednerbühne erschien. Er sprach:
"Bürger, meine Kollegen, unvorbereitet wie ich
jetzt noch bin, kann ich euch nur einiges im Allgemeinen, die Uebergabe von Mainz betreffend, berichten ¹). Diese Stadt hat sich ergeben, weil drei
Tage später, wir die Patrioten und sechszehntau-
send tapfre Soldaten, welche vier Monat hindurch
                                        gegen

¹) Unverkennbar ist hier des schlauen Merlins Kunstgrif,
sich der nähern Entwicklung der Sache entziehen zu wollen.

gegen achtzigtausend [2]) der besten europäischen Truppen gekämpft, und ihnen den Eingang in das Gebiet der Republik verwehrt hatten, nicht mehr hätten retten können [3]). — Dreitausend Mann [4]) von dieser tapfern Besatzung sind in unsern öftern Ausfällen getödtet. Wir haben Mainz übergeben, weil wir in den letzten Tagen der Belagerung — Dank sei es der Sorgfalt des Herrn Cüstine, diesen Platz mit Lebensmittel zu versorgen — genöthigt waren, die verachtetesten Thiere zu essen. Sechs

F 3   Livres

2) Daß dies zu hoch angegeben ist, sieht jeder. Aus funfzig höchstens sechszig tausend Mann bestand die verbündete Armee vor Mainz.

3) Will man diese Behauptung nicht für eine Erfindung aus dem Stegereif, des unvorbereiteten Merlins erklären, so ist gar nicht zu begreifen, was er mit dem Vorgeben sagen will. Drei Tage später hätten, die 16000 Mann Besatzung nicht mehr gerettet werden können? — Daß kein Sturm auf die starke Festung vors erste zu besorgen war, mußte doch Merlin so gut wie jeder andre wissen. Und im Gegentheil war die Lage der Deutschen, nach der Schlacht bei Germersheim so mißlich, daß in drei Tagen nach dem Kapitulationstage, vielleicht gar ein Entsatz von Mainz erwartet werden konnte. Das wußte nun Merlin damals wohl nicht, — wie konnte er aber jene Behauptung jetzt noch vorbringen?

4) Diese Zahl ist viel zu geringe angegeben. Doch dergleichen Angaben vom Verlust werden in deutschen officiellen Berichten ja reciprocirt.

Livres koftete eine todte Katze ⁵), vierzig Sous
das Pfund vom abgeftandnen Pferdefleifch. Neun=
zehnhundert Kranke ⁶) litten in den Hofpitälern
Mangel an allem ⁷). Wir hatten fechszehnpfün=
der und keine Kugel von Kaliber ⁸). Wir hatten
Mörfer aber keine Bomben. Noch mehr, der Feind
hatte unfer Kriegslaboratorium in Brand ge=
fchoffen ²). Hätten wir uns noch drei Tage hal=
ten wollen, fo wären wir genöthigt gewefen, unfre
Pferde in den Rhein zu werfen.¹⁰). Die vorge=
schlagne

⁵) Dem der das pour la rarité du fait dafür bezahlen
wollte. An beffern Nahrungsmitteln fehlte es nicht,
wenn auch gleich an Fleifch Mangel war. f. oben S. 38.

⁶) Die deutfchen Zeitungsberichte, eben fo unzuverläßig,
als Merlins Bericht, welche die Zahl der Kranken auf
7000 (!) angeben, widerfprechen Merlin in diefer An=
gabe zwar: aber diefesmal hat Merlin Recht.

⁷) Wie ungegründet diefes Vorgeben ift, hat der Ver=
faffer oben S. 52. nach unverdächtigen Zeugenberichten
bemerkt.

⁸) Auch hierüber f. oben S. 53. und die Note dafelbft.

⁹) Der Feind hätte dies gethan? Unpartheifche Augen=
zeugen denken ganz anders über diefe Exploſion des La=
boratoriums. Siehe oben S. 15.

¹⁰) Wiederum eine Plattheit. Vorher hat Merlin gefagt,
die Befatzung hätte in den letzten Tagen die verach=
teften Thiere, z. B. Katzen freffen müffen; warum wur=
den denn nicht mehr Pferde gefchlachtet, wenn doch
vorauszufehen war, daß man fie nach wenig Tagen in
den Rhein werfen müffe?

schlagne Kapitulation ist, sagt man, entehrend. Nun ja, sie ist es wirklich: aber Zehn andre hatten wir vorgeschlagen und keine ward angenommen; und die wirklich unterzeichnete Kapitulation hat man nur aus Achtung gegen den Muth der tapfern Besatzung annehmen wollen, welche zwei Tage später die Waffen verlohren hätte, und zu Kriegsgefangnen gemacht wäre[1]). Für meine Person glaubte ich, zu einer Kapitulation meine Zustimmung nicht geben zu können; aber diese hier habe ich unterzeichnet,[2]) um unsre braven Krieger der Rache der Despoten zu entziehen[3]). Ich selbst habe eine Redoute, die meinen Namen trug, mit fünf und zwanzig Tapfern angegriffen, sie erobert, und den Degen in der Faust, fünfhundert Feinde

F 4   verfolgt.

[1]) Das ist die Sache. Der Königsmörder Merlin fürchtete die Kriegsgefangenschaft, und seine Todesangst scheint bey diesem Gedanken ihn so sehr geblendet zu haben, daß er diesen Zeitpunkt so nahe glaubte, da er doch in der That noch nicht so nahe war.

[2]) Er hat vielmehr seine Einwilligung dazu gegeben denn mit ihm oder mit Neubel wollte der General Kalkreuth nicht unterhandeln, sondern direkte mit d'Oyre.

[3]) Oder vielmehr sich selbst, der Rache derjenigen, die Ludwigs Mord zu rächen, gekommen waren.

verfolgt.[9]). — Den fühlbaren Seelen überlasse ichs nun, die Zurücknahme des gegen die Besaz̄zung von Mainz gegebnen Dekrets zu begehren." (Lebhafter Beifall.)

"Thuriot. Durch den Bericht, den man uns von der Uebergabe von Mainz gemacht hat, sind wir getäuscht worden. Es giebt der Thatsachen noch mehr, als Merlin uns vorgetragen hat. Täglich gab die Mainzer Besazung neue Proben ihres Muths. Sie hat den Preussen und Oestereichern dreißigtausend Mann [15]) getödtet. Leder, Katzen und Mäuse[16]) wurden in Mainz verzehrt. Die Soldaten glichen den Gespenstern[17])

Das

[14] Der Angrif und die Eroberung der Redoute durch fünf und zwanzig von Merlin angeführten Soldaten, ist wahr. Sie geschah zugleich mit dem merkwürdigen Angriff auf Martenborn am 10ten Aprill. Aber die Zahl der preussischen Besatzung dieser Redoute, von hundert Mann, hat Merlin hier mit fünf multiplicirt.

[15] Ja, so steht es da! Also die Hälfte der Belagerungsarmee? Thuriot giebt dem Kollegen Merlin im Lügen nichts nach.

[16] Merlins Contenance ist zu bewundern, daß er bey dieser Lüge nicht in ein Gelächter ausbrach.

[17] So ein Gespenst ist dem Verfasser, der einen Theil der französischen Besatzung von Mainz doch auch gesehen hat, nicht vorgekommen. Vielmehr sahen die Truppen wohlbehalten aus.

Das ehrenrührige Dekret gegen sie muß zurück
genommen werden. Die Officiere des Generalstabs
haben Wunder der Tapferkeit gethan, — und zum
Lohn für solche Dienste, sehen sie sich jetzt von
Gensd'armes nach Paris geschleppt. Dubayet,
unser Kollege in der gesetzgebenden Versamlung,
zeigte immer, wenn gleich seine Denkungsart nicht
die entschlossenste war,[18] ein edles und fühlbares
Herz. — Ich begehre ein Dekret, daß die Besatzung von Mainz sich um das Vaterland wohl
verdient gemacht habe, und daß dieses Dekret durch
Eilboten an alle Departementer und an die tapfre
Armee selbst versendet werde; daß ihr General-
stab frei sey, und Aubert Dubayet, befreit von
seiner Wache, an die Barre komme, um seinen
Bericht, der gewis Bürgerkronen verdienen wird,
abzulegen." (Beifall)

Thuriots Vorschläge wurden folgendermaßen
angenommen: — Nach Anhörung des Berichts seiner von
Mainz kommenden Kommissarien, beschließt der
Konvent:

F 5

[18] Hier scheint doch Thuriot, gleichsam nur im Vorbeygehen, den edlen Dubayet des im Konvent so verhaß-
ten Moderantismus zu beschuldigen.

1. Die vormalige Besatzung von Mainz, hat sich um das Vaterland wohl verdient gemacht.

2. Die Glieder des Generalstabes dieser Besatzung, welche zufolge des Dekrets jetzt in Gefangenschaft sind, sollen sogleich wieder in Freiheit gesetzt werden.

3. Die Gensd'armes, welche den Bürger Aubert Dubayet, Chef der Brigade, begleiten, sollen sich an ihren Posten zurück begeben: besagter Aubert Dubayet soll nach Paris kommen, um dem Konvent Bericht abzustatten.

4. Gegenwärtiges Dekret soll durch Eilboten den Departementern und Armeen übersendet, und den Bürgern Representanten Merlin und Reubel zugefertigt werden, die sich sofort nach Nancy zu begeben haben, um es, im Namen des Konvents, der von Mainz kommenden Armee bekannt zu machen.

Gleich darauf ward folgender Brief des General Dubayet an den Konvent, datirt Sarre-libre am 30sten Julii verlesen.

Bürger, Stellvertreter der Nation, nachdem ich eine beschwerliche und gefahrvolle Bahn gegangen bin, habe ich nun eine meinem Herzen theure

Pflicht

Pflicht erfüllt. Achttausend tapfre und treue Soldaten sind von mir ins Vaterland zurück geführt.
Die Stellvertreter des Volks Merlin und Reubel,
Abgeordnete der vollziehenden Gewalt, und alle
die interessanten und unglücklichen Männer, welche
die kleinen Despoten zur blutigsten Rache auser-
sehen hatten, habe ich begleitet. Jetzt, Bürger,
Stellvertreter des Volks, bleibt mir noch eine
Pflicht übrig, und mit Aufrichtigkeit erfülle ich sie.
Im Namen einer Armee, auf deren Bürgersinn
ich allein hier Rücksicht nehme, versichre ich euch,
ihrer Anhänglichkeit, Ehrfurcht und ihrer gänzlichen Ergebenheit für alle eure Arbeiten. Eure
Konstitution nimt sie als eine Wohlthat an, und
wird sie gegen alle Freiheitsfeinde und die eurigen
zu vertheidigen wissen. — Befehlt nur, und vergessen sind dann durchwachte Nächte, vergessen ist
jede Beschwerde, und die tapfre Armee zum
Marsch bereit."

unterzeichnet: Aubert Dubayet, Brigade-
General und Kommandant der ersten
von Mainz kommenden Division.

Hierauf

Hierauf erschien am 7ten August der General Dubayet in Person, von vier Officieren begleitet, vor dem Konvent. Man überhäufte ihn, als er vortrat, mit Beifallklatschen.

Aubert Dubayet, "Väter des Vaterlandes"[19]), an der Spitze von mehr als neun tausend National Garden, sind wir, die Chefs des Generalstabes und ich, zurückgekommen, mit allen kriegerischen Ehrenzeichen, mit unsern fliegenden dreyfarbigen Fahnen und den aufgepflanzten Bajonetten, die uns gegen die Feinde der Republik so gut gedient haben, Diese waren bestimmt, von dem französischen Boden jene Räuber zu vertilgen, welche ihn verwüsten, und nie würden wir sie zu den Füßen der von uns so lange bekämpften Sklaven[20]) niedergelegt haben: aber

[19]) Der große herrliche Name! wie ist er hier entweihet, Diese, gegen Leben, Freiheit und Eigenthum so vieler Unglücklichen verschwornen, grausamen Despoten — — Väter des Vaterlandes!!!

[20]) Aubert Dubayet! wo ist nun dein gerühmter Edelmuth, den du in Mainz bewiesest? Du verläugnest ihn hier: denn das ist die Pöbelsprache aller Buben auf der Bergspitze im Konvent, und nicht die des edelmüthigen Kriegers, der nie auf seinen Feind schimpft, und dem, so wie den Soldaten, die unter ihm fochten, viele ihrer tapfern Feinde vor Mainz Achtung und Liebe einzuflößen wußten.

aber Neid und Verläumdung sind uns in das Va=
terland, das wir vergöttern, vorangegangen. Red=
liche Leute, die ihm mit Einfalt und Uneigennuß
dienten, waren durch sie angeschwärzt. Das zer=
reißt uns das Herz. Aber eure Gerechtigkeit,
Väter des Vaterlandes, hat, auf die feierlichste
Art, uns die Achtung unsrer Mitbürger wieder=
gegeben. — Nur ganz kurz will ich euch einige
Begebenheiten dieser Belagerung erzählen. Vier
Monat hat die Blokade von Mainz gedauert,
Der Feind hatte den Platz ganz eingeschlossen,
Mehrere wichtige Plätze forcirte die Besatzung bey
ihren Ausfällen. Weissenau, woraus uns die Feinde
vertrieben hatten, ward eine halbe Stunde nach=
her mit dem Degen in der Faust wieder erobert.
Marienborn, das Hauptquartier der verbündeten
Mächte, ward mit Sturm weggenommen: wir
haben Trophäen von diesem Sieg. Dort im
Generalquartier selbst, entwarf ich den Plan zu
einer Bataille. Wäre dieser ausgeführt, so wür=
den wir, zweifelt nicht daran, die ersten Momente
der Blokade mit einem entscheidenden Sieg be=
zeichnet haben, der uns den Weg bis an die
Thore von Frankfurt geöfnet hätte. Der Kampf
begann,

begann, [21]) wir waren im Begrif den Sieg zu
erringen, als dreytausend der Unsrigen, durch die
nächtliche Dunkelheit irre geführt, auf uns selbst
schossen, und uns auf diese Weise zum Rückzug
nöthigten. — Meunier, der unerschrockne Meunier, der mit dem kühnsten Geist einen Gefahr
verachtenden Muth verband, kommandirte Soldaten, die zwey Monate lang wie unter einem Ge-
wölbe von Feuer lebten: und funfzig Kanonen
feuerten unaufhörlich mit zerhacktem Eisen. Er [22])
scheute sich nicht, die Feinde auf ihren befestigten
und unüberwindlich geachteten Bergen anzugreifen,
und die beyden Gefechte bey Kostheim haben diese
gelehrt, ob sie auf schnelle Kapitulation hoffen durf-
ten. — Der Inseln im Rhein, Meunier und
Carmagnole [23]) genannt, (bey der Eroberung
der erstern fiel der General,) müßten wir uns be-
meistern: es geschah, des Feuers einer Redoute
von zehn Kanonen ungeachtet. Um die erstere
mit der letztern zu verbinden, mußte eine Brücke
geschla-

---

[21]) Es war der Vorfall am roten April bey Marienborn.

[22]) Hier können nur die Anhöhen bey Hochheim gemeint
sein. — gegen welche die Franzosen doch nichts vermögt
haben.

[23]) Wahrscheinlich den Kopf und die Mainspitze.

geschlagen werden, und auch das geschäh im Feuer
einer Redoute von vier Kanonen. Sie hieß die
Todtenbrücke, wegen des Verlustes vieler tapfern
Soldaten bey dem jedesmaligen Ablösen. Sechs
Wochen behaupteten wir diese Inseln. — Bey
diesen vielen Gefechten und bey den härtesten Ent=
sagungen hörte man doch nie, ich will nicht sagen
Murren, nicht einmal irgend ein gerechtes Be=
gehren der braven Soldaten. Sie nährten sich
Anfangs mit Pferdefleisch; und endigten mit Hun=
den und Katzen. Ich selbst rühme mich, alle
meine Freunde in das Hauptquartier eingeladen
zu haben, weil ich ihnen eine Katze vorzusetzen
hatte. [24] Die Soldaten bereiteten ihre Suppen
mit Thran; einige mischten ein giftiges Kraut
darunter, welches sie rasend machte. [25] Mit

Erge=

---

[24] Dubayers Bericht ist im Ganzen der Wahrheit noch so
ziemlich getreu, und mit einer so einnehmenden Sim=
plicität vorgetragen, daß wir ihm auch in dieser Angabe
glauben wollen. Die Sache selbst ist aber in Frankreich
nichts neues, eine junge Katze statt eines Kaninchens in
den Wirthshäusern aufgetischt zu sehen. Und gewiß ist
es doch auch im Gegentheil, daß die Kommissarien
wenigstens, sich das beste Fleisch zu verschaffen wußten.

[25] Bey dem allgemeinen Elend in einer belagerten Stadt
wäre die Thranbereitung der französischen Suppe noch
kein Hauptübel gewesen. Leben doch ganze Nationen
davon.

Ergebung ertrugen sie alle diese Uebel, und ich ging ihnen mit dem Beyspiel voran. — Ihr seht, Bürger, Representanten, daß alles, was man euch von diesen republikanischen Kriegern gesagt hat, der Wahrheit keineswegs getreu, und es auch durchaus unmöglich ist, sich von dem, was sie erduldet haben, einen richtigen Begrif zu machen. Nur eine Vergünstigung begehren wir für unsre Beschwerlichkeiten, nehmlich, so bald als möglich nach der Vendée marschieren zu dürfen. Wenn wir die Freyheit nicht mit unserm Blut besiegeln, so werdet ihr, das versichre ich euch, Bürger Representanten, keine eifrigere und treuere Republikaner, als uns haben.

Der Präsident Danton. ''Tapfre Bürger, ich will euch, wegen einer augenblicklichen Ungerechtigkeit, nicht trösten. Die Beyfallsbezeugungen, womit ihr bey eurem Eintritt in den Schooß des Konvents überhäuft wurdet, haben es euch gezeigt, daß, wenn die Stellvertreter des Volks

davon. Die Vergiftung mag denn wohl ein einzelner und sehr möglicher Fall, auch ohne Belagerung gewesen, und hier nur zur Verstärkung des Bildes vorgetragen seyn. Dem Verfasser ist übrigens in Mainz selbst von diesem allen, weder von den Franzosen noch von den Einwohnern, ein Wort gesagt.

Volks auch einen Augenblick getäuscht werden konnten, sie die Darstellung eures Verhaltens doch nicht erst erwartet haben, um euern Muth zu ehren, Euern Bericht hat der Konvent mit Bewunderung angehört, und sagt euern Waffenbrüdern, daß ganz Frankreich sie theile. (Beyfall) Der Konvent ladet euch ein zur Ehre der Sitzung.

(Unter wiederholten Beyfallgeben der Versammlung und der Zuschauer, tritt Dubayet in das Innre des Saals. Einige Deputirte umarmen ihn.)

Maure. Ich begehre, daß der Präsident diesem tapfern Officier, Namens der Republik, den Bruderkuß gebe.

(Der Präsident umarmt Dubayet. Das Beyfallklatschen ertönt von neuem, und auch den Officiern, von Dubayets Begleitung, wird die Ehre der Sitzung gestattet.)

In der Sitzung vom 9ten stand Montaut [26] auf. — "Ich komme, sagte er, von der Mosel zurück,

[26) Deputirter bey der Moselarmee, der Verfasser der obigen ersten Nachricht an den Konvent, von der Uebergabe von Mainz.

G

zurück, um euch wichtige, die Uebergabe von Mainz betreffende, Thatsachen mitzutheilen. Ich bitte, hört mich eine Viertelstunde an. Seit zwey Monaten vorbereiteten wir uns mit unsern Gehülfen bey der Mosel=Armee, um Mainz zu Hülfe zu kommen: wir setzten uns auch in Marsch, und faßten mehrere euch mitgetheilten Beschlüsse. — — — — — — — Doch, von wichtigern Thatsachen, nehmlich von der Art wie Mainz übergeben ist, will ich euch reden. — Ohne Zweifel hat sich die Besatzung um die Republik wohl verdient gemacht, sie besteht aus ächten Republikanern, welche geschworen haben, ihren letzten Blutstropfen zur Vertheidigung der Republik zu vergießen. Wohl aber ist die Besatzung von ihren Führern, nehmlich von dem Vertheidigungsrath, zu unterscheiden. Ohne vorher der Besatzung die Kapitulation mitzutheilen, hat dieser die Festung übergeben. Diese Thatsache bestätigte mir eine ganze Kolonne, welche durch Hessen=Kassel [27]) zog. Sie fragten uns, ob die Kapitulation zu Stande gekommen sey, und sie ihre Kanonen mitnehmen dürften? Sehr zu ver-

___

[27]) Ein Sprach= oder Druckfehler. Soll wohl heißen: Alt=Kassel.

verwundern ist es, daß einer ganzen Kolonne die
Artikel der Kapitulation unbekannt bleiben konnten. Wir wollten die Ursache dieser Verheim-
lichung der Kapitulation vor der Besatzung wissen,
und diese war, weil die Besatzung nicht hatte
kapitulieren wollen. Um ihren Unwillen zu besänftigen, hatte man ihnen vorgespiegelt, daß sie
ihre Kanonen mitnehmen dürften, — und nur
zwey Stücke haben sie mitgenommen: vierhundert
sind in den Händen der Oesterreicher. Davon ist
gar nicht einmal die Frage in der Kapitulation,
daß Mainz ein Theil der französischen Republik
war. [28]) Die Mainzer Patrioten haben Zeugen
seyn müssen, daß ihre Weiber und Kinder gehängt
wurden. [29]) — Doch nicht dieses einzige Verbrechen fällt dem Vertheidigungsrath zur Last.
Ihr habt dekretirt, daß von den Oesterreichischen

G 2

Ueber-

---

[28]) Der Mann träumt noch von dem Departement
Rheno-Germanique (ci-devant Mayence &c.).
dessen Deputirte auch wirklich noch am verflossenen 10ten
August, bei der Bundesfeier in Paris als solche erschie-
nen sind.

[29]) Ei bewahre! so schlimm ists doch nicht geworden. Aber
die neue preussische Besatzung in Mainz hat zugesehen,
wie der wüthende Mainzer Pöbel alle Klubisten, und
auch die unschuldigen darunter, mörderisch prügelte.

Ueberläufern, beim Eintritt in das Gebiet der Republik, ein jeder die Summe von hundert Livres erhalten sollte. Eine große Zahl hat sich, dadurch angezogen, unter den Fahnen der Republik begeben. Und was thaten nun die Generale in Mainz? Beschlossen haben sie, daß die Ueberläufer den verbundnen Armeen ausgeliefert werden sollten, und sechshundert derselben sind der Rache der Tirannen wirklich ausgeliefert. Auch das beruhet auf die Aussage einer ganzen Kolonne. — Mir liegt nichts daran, ob die Generale sich tapfer geschlagen haben, denn es bleibt nichts desto weniger wahr, daß sie in die Uebergabe der Festung willigten. Todesstrafe habt ihr gegen diejenigen ausgesprochen, welche, vor Eröffnung einer Bresche, von Uebergabe einer Festung reden würden. Wohlan denn, so entscheidet nun, daß die Urheber der Kapitulation von Mainz einem Kriegsgericht übergeben werden. Sind sie unschuldig, so werde ihre Unschuld öffentlich bekannt gemacht; werden sie aber schuldig befunden, so treffe sie die verdiente Strafe. — Man hat euch auch gesagt, der Besatzung hätte es an Lebensmitteln gemangelt: nun, und ich sage euch, daß sie bey der Uebergabe noch

für

für drey Monat Lebensmittel hatte. Und gesetzt
den Fall, wenn sie einen weit geringern Vorrath
gehabt, und man sie gefragt hätte: willigt ihr in
die Uebergabe der Festung? denn noch für wenig
Tage haben wir Lebensmittel; — so bin ich gewiß,
daß alle Soldaten einstimmig geantwortet haben
würden: nein, lieber sterben, als uns ergeben. —
So verlange ich denn, daß das Gesetz gegen die
Officiere, welche Mainz übergeben haben, entscheide.
Selbst unsre Kollegen, die Abgeordneten in Mainz,
nehme ich davon nicht aus; denn ich klage sie an,
nicht das Aeußerste zur Erhaltung der Festung gethan zu haben.,,

Thuriot. "Wenn ihr vier Monate bey
der Mosel-Armee wart, ohne die geringste Bewegung zu machen, um der Besatzung von Mainz
Hülfe zu leisten; so hat sie ein grösseres Recht,
euch zu beschuldigen, als wie ihr habt, dem Miß-
geschick derjenigen, welche die Belagerung von
Mainz ausgehalten haben, Hohn zu sprechen. —
Montaut hat die Garnison zuerst, und dann die
Kommissarien beschuldigt. Ich verlange, daß
darüber nicht eher entschieden werde, als bis
unsre Kollegen Merlin und Reubel gehört sind:

G 3 denn

denn Montaut iſt uns nicht glaubwürdiger als
dieſe. „

Lacroir. "Sehr vorſichtig müſſen wir
beſonders dann ſeyn; wenn von einem gegen einen
unſerer Kollegen [30]) zu erfüllenden Strafurtheil
die Frage iſt, und dann hauptſächlich, wenn die
Anklage eines Repreſentanten von einem Repreſen=
tanten angebracht iſt. Im Vorbeygehen will ich
nur bemerken, daß man die Abweſenheit ſeiner
Kollegen nicht zu ihrer Anklage benutzen ſollte. [31])
Merlin und Reubel ſind diejenigen, welche uns
beſſer, als ſonſt jemand, ſagen können, was in
Mainz vorging; [32]) denn ſie waren dort. Man
ſollte nicht auftreten, um mit bloßen Phraſen,
welche wieder vergeſſen werden, ſeine Kollegen zu
beſchul=

---

30) Wohl geſprochen! Ueber die ſeltne Aufrichtigkeit eines
Bergbewohners! Ja, man kennt ſchon von ähnlichen
Fällen her, dieſe kollegialiſche Vor= und Nach=
ſicht, und auch Merlin wird ſie zu ſtatten kommen.

31) Allerdings! beſonders in einem Fall wie dieſer iſt, wo
ein Merlin durch ſeine dönnernde ſophiſtiſche Veredſam=
keit, den einfachen Antrag eines Montaut leicht ent=
kräftet, und ſich auf der Stelle ſeiner Anklage entzogen
haben würde.

32) Ey freylich! Auch hat er es ja ſchon erzählt, und das
Se non é vero ſara ben' trovato, nicht einmal dabey
beobachtet.

beschuldigen. Mag Montaut seine Anklage nie-
derschreiben, besiegeln und auf den Tisch legen,
damit die Angeklagten sie beantworten können.
Die Erfahrung hat gelehrt, daß mehrere von
uns [33]) auf diese Weise Opfer der Verläumdung
geworden sind. Ich bin weit davon entfernt,
Montaut üble Absichten beyzumessen. Aber ihr
habt Merlin gehört, — und sein Bericht hat
euch Thränen entlockt. [34]) — Merlin, diesen
Republikaner, der Republik so bekannt, so verdient
um das Vaterland, durch seine ihm geleisteten
Dienste. [35]) — Merlin, den ich meines ganzen
Vertrauens für so würdig erkläre, daß ich mich
für ihn hiemit verbürge, er habe sein Vaterland
nie verrathen. „

    Legendre. "Auch ich thue das. „

    Lacroix. "Sind die Kommissarien schul-
dig, [36]) so mögen sie vor das Revolutionstribunal
geführt, und ihnen mag dort ihr Urtheil gesprochen

G 4

werden.

33) Doch keine Kollegen vom Berge?

34) Die weichgeschaffnen Seelen!!

35) Merlin war nehmlich ein Hauptakteur bey den Scenen
    des 10ten Augusts.

36) Lacroix weiß nur zu wohl, daß es bis zu diesem Be-
    weise nie kommen werde.

werden. Ich werfe Montaut die Unthätigkeit der Mosel-Armee nicht vor, eine Unthätigkeit, die jedoch für Mainz und Valenciennes verderblich geworden ist: aber warum sollte nicht Merlin befugt seyn, Montaut zu sagen: ihr seyd an dem Verlust von Mainz Schuld, weil ihr uns erst damals zu Hülfekamt, als ihr von der Wegnahme der Stadt unterrichtet wart. ³⁷) — Ich endige mit dem Begehren, daß Montaut seine Anklage schriftlich abfasse, damit darauf geantwortet werden könne.,,

Chabot. ³⁸) "Auch ich habe Thatsachen anzuführen, die des beschuldigten Merlins Betragen in ein helles Licht setzen. Nicht in Mainz hat Merlin sich zuerst durch seine Tapferkeit ausgezeichnet. Am 10ten August hat er das Vaterland gerettet. Ich kannte seinen entschloßnen Muth und übernahm es, diesem die rechte Richtung

zu

---

37) Ein Gedächtnißfehler, Lacroix! Aber, mendacem oportet esse memorem, sagt das abgenutzte Sprichwort. Die bedeutende Schlacht bey Germersheim, wobei es auf den Entsatz von Mainz abgesehen war, ward einen Tag vor der Kapitulationsunterhandlung von Mainz geliefert, und die Franzosen zogen sich erst bey der Nachricht von der Uebergabe von Mainz wieder zurück. Was vermogte denn nun noch die Moselarmee?

38) Merlins getreuer Waffenbrüder am 10ten August.

zu geben. Er war es, der auf meinen Rath zwey
Pistolen ³⁹) ergriff, und damit den ersten Lärm
in das Schloß und Entsetzen in des Tirannen
Seele brachte. ⁴⁰) Seine Gegenwart, seine
Drohungen mitten unter den ihn umgebenden
Royalisten, trieben diese gegen die Seite unsers
Versammlungssaals zurück. — Den Tirannen
zwang Merlin, sich zu uns zu begeben, und man
weiß es nur zu gewiß, daß der Sieg, wenn der
König im Schloß geblieben wäre, den zum Um-
sturz des Throns verschwornen Patrioten, viele

G 5   tausend

---

39) Diese Pistolen lagen vor den, in einem Wirthshause
versammelten Verschwornen in der Nacht des 10ten
Augusts auf dem Tisch, als sie dort mit Todesängsten
warteten, ob ihre getroffenen Anstalten gelingen würden, fest entschlossen, sie, wenn ihre Absicht mislinge,
gegen sich selbst zu kehren. Als nun die Sturmglocke,
das Mordsignal, ertönte, stürzten sie alle bewafnet
hinaus in die Thuillerien.

40) Chabots Ursachen, warum er hier nicht einen viel
stärkern Zug Merlins, der den wilden, entsetzlichen und
entschlossenen Charakter dieses Menschen so ganz schil-
dert, verschweigt, sind leicht zu errathen. In der Versammlung, der gegen den König Verschwornen, forderte Merlin, bey einem über den Ausgang aufgeworf-
nen Zweifel, diese mit Ungestüm auf, ihm einen Arm
zu lähmen oder ein Bein abzuhauen, ihn so dem Volke
darzustellen, und die Königliche Partei dieser Verstüm-
melung eines Volksfreundes zu beschuldigen, um so die
Wuth des Pöbels gegen sie aufs äusserste zu bringen.

tauſend Opfer mehr gekoſtet haben würde. — Bei
einer andern Gelegenheit verband Merlin ſich mit
Baßire und mit mir, zur Rettung der Journali-
ſten, die die Hofparthei öffentlich angegriffen hatten: wir deckten ſie mit unſerer Unverletzlichkeit.
Wir wußten gar wohl, daß uns das Blutgerüſt
von Orleans drohe; aber das Vaterlandeswohl war
allein vor unſern Augen. — Das iſt nun der
Mann, den man heute der Feigheit [41]) beſchuldi-
get. — Ich unterſtütze Lacroix Vorſchlag.

Montaut. "Indem ich den Vertheidigungsrath anklagte, beſchuldigte ich die Kommiſſarien nur in ſoferne, als ſie ſich den Operationen
des erſtern nicht widerſetzt haben."[42])

Die Verhandlung ward geſchloſſen, und Lacroix
Vorſchlag dekretirt.

————

In

[41]) Es glebt ja auch noch andere äußre Urſachen zur Ueber-
redung, um die Uebergabe einer Feſtung zu bewirken.

[42]) So, lenke wieder ein, Bürger Montaut! Viel eher
wird dich ſonſt der Berg dem blutigen und unerbittli-
chen Revolutionstribunal und der Strafe des Hochverraths an der Nation, gegen einen Merlin geredet zu
haben, der Todesſtrafe unter der Guillotine perma-
nante, übergeben, als ſeinen Bundesgenoſſen fallen
zu laſſen.

In der Sißung am 12ten Auguſt kündigte
Barrere den Bericht und die Proceduren über
den, wie er es nennt, bekannten Verrath
von Mainz an.[43])

Am 17ten Auguſt erſchienen die, von ihrer
Sendung nach Nancy zurückgekehrten, Deputirten
Merlin und Reubel wieder im Konvent. Reubel
ſtattete Bericht von der Miſſion ab, und erbot
ſich, betreten über die Anklage Montauts, unvor‐
bereitet, auf die ihm noch unbekannten Punkte der‐
ſelben, ſogleich zu antworten, falls ſie der Konvent
vorleſen laſſen wollte.

Merlin. "Vor ganz Frankreich ſind wir
angeklagt; ich erkläre, daß wir vor ganz Frank‐
reich antworten wollen. Der Ankläger trete auf[44])
und diejenigen, welche ſchon vor ihm das Vater‐
land

---

43) Dieſen Bericht dem Konvent wirklich zu ertheilen, iſt,
wie aus der Anlage des ganzen, und aus dem folgenden
Auszug der übrigen tumultuariſchen Debatten über
dieſen Gegenſtand erhellet, des ſchwankenden Barre‐
re's eigentliche Abſicht wohl nie geweſen.

44) So kühn dieſe Aufforderung auch klingt, ſo gewinnt ſie
das Anſehn der erbärmlichſten Rodomontade, wenn
man die gleich darauf folgende Anzeige, von der Abwe‐
ſenheit Montauts, damit zuſammen hält: denn nun
erſcheint die Sache doch als eigentlich verabredet.

land vertheidigt haben, werden ihn sogleich zu beschäm.n wissen, und ihn der verdienten Verachtung überliefern."

Mehrere Stimmen fordern nun, daß die Anklage verlesen werde, andre zeigen an, daß der Ankläger Montaut abwesend sey. [45]

Barrere unterbrach die Verhandlung mit einer Anzeige [46], daß die Aristokraten die von Mainz kommende erste Kolonne, durch allerhand Künste zu verführen suche, und daß der Wohlfahrtausschuß es deswegen für nothwendig halte, nicht allein den General Dubayet, sondern auch einige Mitglieder des Konvents zu dieser Armee zu schikken, damit die verderbliche Verführung nicht weiter um sich greife. Er forderte von dem Konvent die Ernennung dieser Kommissarien.

Viele Stimmen rufen Merlin und Reubel.

Barrere's Vorschlag zu einem Dekret wird sogleich angenommen, und der Konvent beschließt:

daß

[45] Wie natürlich. Wer wird sich denn aus purem Patriotismus dem Donnerwetter exponiren, das drohend sich dort am Berge zusammenzieht? Montauts Freunde konnten ihm nicht besser rathen, als sich zu entfernen.

[46] Wirklich ein promter Einfall, um Merlin aus der Verlegenheit zu ziehen, und der ganzen Sache eine andre Wendung zu geben.

daß Merlin und Reubel zu der vormaligen Besatzung von Mainz, als Kommissarien, sogleich ab-
gehen, und daß sie in Orleans ein Kriegsgericht
zur Untersuchung und Bestrafung militairischer
Verbrechen, errichten sollen.

N.... "Man erlaube mir noch eine, wie
mich deucht, wichtige Erinnerung. Ueber Reubels
persönliches Betragen[47]) in Mainz, ist Klage geführt worden. Ich begehre, daß, ehe er zu seiner
neuen Bestimmung abgeht, dieses untersucht werde.
Er hielt sich beständig unter einer Blendung auf[48]),
er erschien öffentlich, nur während des Waffen-
stillstandes, besuchte nie die Soldaten: kurz er er-
füllte keine der Verrichtungen eines Kommissairs.
Das hat man mir gesagt."

Mehrere Stimmen: "Wer?"

N.... "Beril, Ingenieur-Kommandant zu
Mainz."

Reubel.

_____

47) So also verdrängen auch hier die Personen die Sache,
von welcher nun auch nicht weiter die Rede ist.

48) Ob Reubel sich nun hinter Faschinenwerken verdeckt
hielt, oder, wie der Verfasser von glaubwürdigen Zeugen weiß, mit Merlin, seit dem Brande der Dom-
probstey, wo Anfangs das Generalquartier war, in
den Kasematten der Festung wohnte, scheint so
ziemlich einerley zu seyn. Doch davon ist hier eigentlich nicht die Rede.

Reubel. "Ich berufe mich auf Beril, mein Betragen zu richten."

Merlin. "Beril ist ein vormals Adlicher, aber einer der besten Patrioten, und auch ich berufe mich auf ihn."

Reubel vertheidigte sich nun, gegen die Anklage des N.... in Rückficht der ihm angeschuldigten Feigheit, und der Nichtbeobachtung des Dienstes als Kommissair, und wie es scheint, mit Aufrichtigkeit und Wahrheit*²), die unausbleiblichen Hyperbeln abgerechnet. — Dieser Punkt aber ist ganz relativ auf Reubels Person, und komt also in der, die Uebergabe von Mainz betreffenden Frage, gar nicht in Anschlag.

Merlin. "Nur noch ein Wort. Ich begehre, daß unser aller Urtheil uns von einer Kriegskommission gefällt wird, und wenn man mir beweisen kann, daß in ganz Mainz nur eine Stelle, so groß als mein Hut, — (!) war, wo ein Mensch eine

Stunde

---

*5) Merkwürdig ist es doch, daß Reubel es, ohne ausgezischt zu werden, wagen durfte, in dieser Vertheidigung seines Betragens, von der "vanité, de vouloir sacrifier la vie des francois, pour conserver une place etrangére, — so richtig die Sache auch an sich selbst ist — zu reden.

Stunde hätte sicher sein können[50]), so will ich meinen Kopf auf dem Schafot verlieren."

Reubel. "Ich begehre die Zurücknahme des Dekrets, das mich zum Kommissair ernennt."

Sehr viele Stimmen rufen: "Nein, Nein!"

Chabot und Barrere unterstützten dieses Nein nachdrücklichst. Letzterer führt zum Ueberfluß noch eine Heldenthat Merlins an, daß er nehmlich, an der Spitze von fünf und zwanzig Grenadiere, funfzehnhundert Preussen aus einem vortheilhaften Posten vertrieben habe.[51])

Es blieb bei dem Dekret. Und höchst wahrscheinlich wird nun auch nicht weiter von der Mainzer Sache die Rede seyn: Denn, gesetzt auch

den

---

50) Doch, Merlin! in den euch wohlbekannten Kasematten. Ist davon aber hier die Frage? So ergreift er die willkomne Gelegenheit, der Hauptfrage auszuweichen, und die — — Väter des Vaterlandes — mit abgeschmakten Auffchneidereien zu necken.

51) Das ist wahrscheinlich die Geschichte vom roten April, deren Merlin in seinem Bericht vom 4ten August schon selbst erwähnte. Sein Freund Barrere aber versteht sich noch besser, als er, aufs — Uebertreiben. Er jagte doch nur fünfhundert, dieser aber funfzehn, hundert, und — keine Reichstruppen —, sondern funfzehnhundert Preussen, mit fünf und zwanzig Mann!!! Dieser Volksrepresentant ist zum Epigrammatisten aus dem Stegereif gebohren. —

den Fall, Merlin habe pflichtwidrig gehandelt,
so werden die souverainen Sansfulottes diesen
Champion de la Montagne doch nicht fallen
lassen, und Montaut mögte, nach diesem mißlung:
nen Versuch, die Lust wohl verlohren haben, seine
Anklage weiter zu treiben, und sich der Gefahr bloß
zu stellen, von dem fürchterlichen Berg, wie Chabot
ihn kurz zuvor nannte, zerschmettert zu werden.

Kapitulationspunkte, *)

welche der General der Brigade d'Oyre, Kommandant
en Chef von Mainz, Kastel, und den dazu gehörigen
Posten vorgeschlagen.

I.

Die französische Armee übergiebt an Se. Maj.
den König von Preussen die Stadt Mainz und
Kastel mit allen Vestungswerken und dazu gehö:
rigen Posten in ihrem natürlichen Zustande, nebst
allem sowohl französischen als fremden Geschütze,
dem Munitions: und Mundvorrath, mit Aus:
nahme

---

*) Zur Erläuterung mehrerer Stellen, sowohl in der vor:
stehenden Darstellung von Mainz nach der Einnahme
durch die Deutschen, als auch in den Verhandlungen
des Konvents, wird es nicht überflüssig sein, hier die
Kapitulation selbst mitzutheilen, so wie sie in dem 1sten
Stück der am 29sten Julii zum erstenmal unter Chur:
fürstlicher Autorität wieder erschienenen privilegir:
ten Mainzer Zeitung, nach dem Original über:
setzt, abgedruckt steht.

nahme der in nachstehenden Punkten vorbehaltenen Gegenstände.

II.

Die Besatzung zieht ab mit allen kriegerischen
Ehrenzeichen, und nimmt mit sich ihre Waffen,
Gepäck nebst allem dem, was den einzelnen Gliedern der Besatzung eigenthümlich zugehört.

Bewilligt mit der Bedingung, daß die Besatzung binnen einem Jahre gegen die verbündeten Mächte nicht dienen dürfe, und daß,
falls sie bedekte Wägen mit sich führte, Sr.
Königl. preußis. Majestät vorbehalten sey, selbige, wenn Sie es für gut fänden, durchsuchen zu lassen.

III.

Die Besatzung verlangt ihre Feldstücke und das,
zu gehörige Munitionswägen mit sich zu nehmen.

Abgeschlagen; jedoch gestattet der König
dem General d'Oyre zwei Vierpfünder
mit eben so vielen Wägen mitzunehmen.

IV.

Die Staabs- und andere Offiziers, Kriegskommissaire, Vorsteher und andre zu verschiedenen Verrichtungen bei der Armee angestellte Personen, und überhaupt alle zu der Garnison gehörige französische Unterthanen nehmen ihre Pferde,
Wägen und ihre zugehörigen Habseligkeiten mit sich.

Bewilligt.

H   V.

V.

Die Besatzung bleibt in der Pestung 48 Stunden nach unterzeichneter Kapitulation, und wenn diese Frist zum Auszuge der letzten Divisionen nicht hinreichend wäre, so wird ihr noch eine Verlängerung von 24 Stunden gestattet. Bewilligt.

VI.

Dem Kommandanten der Stadt ist erlaubt, eine oder mehrere, mit Pässen Sr. königl. preußis. Majestät versehene, Bevollmächtigten auszuschicken, um die nöthigen Gelder zu Bezahlung der Schulden der Armee herbeizuschaffen, oder bis zu ihrer Berichtigung hinlängliche Uebereinkunft getroffen worden, bietet die Besatzung Geisseln an, welche auf den Schutz Sr. Majestät rechnen dürfen. Bewilligt.

VII.

Die Besatzung von Mainz und den dazu gehörigen Posten nimmt sogleich nach ihrem Abzuge den Marsch nach Frankreich in mehreren Kolonnen und zu verschiedenen Zeiten. Jede Kolonne erhält zu ihrer Sicherheit eine preußische Bedeckung bis an die Gränzen. Der General d'Oyre hat die Erlaubniß, Staabsofficiere und Kriegskommissäre vorauszuschicken, um für die Lebsucht und Unterkunft der französischen Truppen zu sorgen. Bewilligt.

VIII.

VIII.

Im Falle die Pferde und Wägen der franzö=
sischen Armee auch für die Fortschaffung ihrer
Lager und anderer Geräthschaften, die in den vo=
rigen Punkten bemerkt sind, nicht hinreichen, so,
werden ihnen solche an den Orten, wo sie durch=
ziehen, angeschaft.

Bewilligt.

IX.

Da die Kranken und besonders die Verwun=
deten nicht zu Lande fortgeschaft werden können,
ohne ihr Leben in Gefahr zu setzen, so werden auf
Kosten der französischen Nation die nöthigen Schiffe
hergegeben, um dieselben zu Wasser nach Thionville
und Metz zu bringen, und so für diese ehrwürdige
Kriegsopfer die nöthige Fürsicht anzuwenden.

Bewilligt.

X.

Vor dem gänzlichen Abzuge der französis. Be=
satzung soll es keinem Mainzer, welcher dermalen
ausserhalb der Stadt ist, erlaubt seyn, dahin
zurückzukehren.

Bewilligt.

XI.

Sogleich nach Unterzeichnung der Kapitula=
tion können die Belagerer folgende Posten mit
ihren Truppen besetzen lassen: Die Karlsschanze,
die welsche Schanze, die Elisabethenschanze, die

St.

St. Philippischanze, la double tenaille, den
Linsenberg, den Hauptstein, die Marschanze,
die Petersaue, und die zwei Thore von Kastel,
welche nach Frankfurt und Wißbaden führen.
Sie können auch gemeinschaftlich mit den französi:
schen Truppen das Neuthor und das Ende der Brücke
auf der rechten Seite des Rheinufers besetzen.

Bewilligt.

XII.

In der kurzmöglichsten Frist übergeben der
Obrist Douay, Direktor des Zeughauses, der
Obristlieutenant la Riboissure, Unterdirekteur,
und der Obristlieutenant Varin, Chef der Inge:
nieure, an die Chefs der Artillerie und Inge:
nieure der preußischen Armee ihre Waffen, Mu:
nition, Plane ꝛc. nach den Kriegsbedienungen,
die ihnen obliegen.

Angenommen.

XIII.

Man wird ebenfals einen Kriegskommissär
ernennen, zur Zurückgabe der Magazine und Vor:
räthe, die darinn sind.

XIV.

Zusatz.

Die Deserteurs der verbündeten Heere wer:
den aufs genaueste ausgeliefert.

Gegeben zu Marienborn, den 22 Julii 1793.

Graf von Kalkreuth.   d'Oyre,